행복교육의
역설을
넘어

우리가 함께 꾸는 꿈이
Big Story가 됩니다.
김 영곤 드림

행복교육의
역설을 넘어

배움과 성장,
이야기가 있는 경남교육

	초판1쇄 발행 2025년 12월 15일	**지은이** 김영곤	

펴낸이
김태영

펴낸곳
씽크스마트 책짓는 집

주소
경기도 고양시 덕양구
청초로 66
덕은리버워크 B-1403호

전화
02-323-5609

출판사 등록번호
제395-313000025
1002001000106호

ISBN
978-89-6529-484-9
(03300)

정가
20,000원

ⓒ 김영곤

이 책을 만든 사람들

책임편집
김무영

편집
신재혁

홈페이지
www.tsbook.co.kr
인스타그램
@thinksmart.official
이메일
thinksmart@kakao.com

* **씽크스마트** 더 큰 생각으로 통하는 길

'더 큰 생각으로 통하는 길' 위에서 삶의 지혜를 모아 '인문교양, 자기계발, 자녀교육, 어린이 교양 · 학습, 정치사회, 취미생활' 등 다양한 분야의 도서를 출간합니다. 바람직한 교육관을 세우고 나다움의 힘을 기르며, 세상에서 소외된 부분을 바라봅니다. 첫 원고부터 책의 완성까지 늘 시대를 읽는 기획으로 책을 만들어, 넓고 깊은 생각으로 세상을 살아갈 수 있는 힘을 드리고자 합니다.

* **도서출판 큐** 더 쓸모 있는 책을 만나다

도서출판 큐는 울퉁불퉁한 현실에서 만나는 다양한 질문과 고민에 답하고자 만든 실용교양 임프린트입니다. 새로운 작가와 독자를 개척하며, 변화하는 세상 속에서 책의 쓸모를 키워갑니다. 흥겹게 춤추듯 시대의 변화에 맞는 '더 쓸모 있는 책'을 만들겠습니다.

자신만의 생각이나 이야기를 펼치고 싶은 당신. 책으로 사람들에게 전하고 싶은 아이디어나 원고를 메일(thinksmart@kakao.com)로 보내주세요. 씽크스마트는 당신의 소중한 원고를 기다리고 있습니다.

행복교육의
역설을
넘어

배움과 성장,
이야기가 있는
경남교육

김영곤 지음

씽크
스마트

김영곤 전 차관보의 「행복교육의 역설을 넘어」의 출간을 축하하며 읽는 즐거움을 가지게 된 것을 기쁘게 생각합니다.

저는 지난 40여 년간 지역에서 교육을 연구하고 국가 교육을 고민하며 한국 교육이 가진 아이러니를 늘 체감해 왔습니다.

그 아이러니는 바로 세계 최고 수준이라는 객관적 성과와 현장에서 체감하는 주관적 불만 사이의 거대한 괴리입니다.

OECD(경제협력개발기구)에서 주관하는 PISA(국제 학업성취도 평가)와 같은 객관적 지표로 보면 우리 교육은 세계 최상위권의 성과를 내고 있지만, 정작 국민들의 주관적인 평가는 불만으로 가득 차 있습니다.

저는 이 거대한 괴리의 이유를 성공의 루트가 다원화된 시대적 변화에서 찾습니다. 1990년대 이후, 부모들은 학교가 제공하는 보편적·획일적 교육 너머의 다양하고 높은 수준의 '맞춤형 교육'을 기대하게 되었고, 공교육은 이 기대를 충족시키지 못하며 신뢰를 잃어왔습니다.

저자는 중앙행정기관인 교육부에서 교육 행정가로서의 오랜 경험과 통찰을 바탕으로 이러한 고질적인 불일치를 냉철하게 진단하고 있습니다. 그리고 그 해법을 미래 인공지능 시대의 교육과 로컬(경남) 교육으로 자연스럽게 연결시키고 있습니다. 기존의 틀에 갇히지 말고 높고 넓게 보자는 뜻이지요. 중앙교육부처와 글로벌 교육 무대에서 얻은 넓은 시야가 돋보이는 부분입니다.

저자는 경남교육이 초등학교에서는 우수한 성과를 보이다가도, 중·고등학교로 진학하며 전국 최하위권으로 추락하는 현상의 원인을 단순한 인재 유출이 아닌 '무기력증'이라는 시스템의 문제로 정확히 짚어냅니다. 특히 지난 10여 년간 이어진 평등을 내세우지만 불평등을 초래한 진보의 역설(Paradox of Progressivism)을 용기 있게 지적한 부분에 깊이 공감합니다.

그간 경남교육은 학교 현장에서의 '행복'을 강조한 나머지 학생들의 미래를 위한 필수적인 지적 훈련(知的 訓練)을 소홀히 한 측면이 있습니다. 그 결과 학생들은 성장의 기쁨을 누리고 역량을 키울 기회를 잃어버렸습니다. 이것이 바로 '행복의 역설'입니다.

이 책이 제안하는 '배움과 성장, 이야기가 있는 경남교육'이라는 비전은 바로 이 역설을 극복할 처방입니다. 저자는 AI 시대일수록 창의력이 중요하며, 창의력은 결코 맨땅에서 나오는 것이 아니라 기존 지식의 편집 능력임을 갈파합니다.

따라서 '배움'과 '성장'을 다시 교육의 중심에 두어야 한다는 저자의 주장은 AI 시대를 대비하는 가장 현실적이고 강력한 대안이라고 할 수 있습니다.

또한 이 책은 교육 정책의 실패가 반복되는 이유를 꿰뚫고 있습니다. '자율'과 '다양성' 같은 구호들은 이미 30년 전 '5.31 교육개혁' 때도 모두 등장했던 의제들입니다. 저자는 이러한 구호에 그치지 않고 '국제통'으로서의 경험과 현장 이해를 바탕으로 다양성을 서열화가 아닌 좋은 교육에 대한 욕구로 풀어냅니다. 그리고 소위 '고목나무 교사'가 아닌 살아있는 교사, 문화가 있는 학교를 만들기 위해 교육감이 '비빌 언덕'이 되어야 한다는 실질적인 약속을 제시합니다.

이와 같이 이 책은 경남의 학부모들에게는 무너진 공교육의 신뢰를 회복할 청사진을, 교사들에게는 다시 열정을 가질 수 있는 희망을, 학생들에게는 미래를 여는 배움의 즐거움을 약속하고 있습니다.

독자 여러분들도 이 책을 읽어보시면 그의 진정성 있는 주장에 공감할 수밖에 없을 것이라 생각합니다. 교육의 힘을 믿고 교육을 사랑하는 모든 분들에게 이 책을 추천합니다.

경남대학교 명예석좌교수, 전 한국교육학회장, 전 한국교육과정평가원장 김 성 열

세계 교육의 축소판, 한국:
실패의 반면교사에서 미래 교육의 나침반으로
- 김영곤 전 차관보의『행복교육의 역설을 넘어』를 추천하며

저는 오랫동안 한국 교육이 겪어온 성취와 좌절의 순간들을 지켜봐 왔습니다. 저는 일찍이 한국 교육이 세계 교육의 소우주(小宇宙) 또는 축소판과 같다고 진단한 바 있습니다. 한국은 압축 성장의 결과로 선진국과 개발도상국, 심지어 저개발국의 모습까지 공존하는 비동시성의 동시성을 지닌 독특한 사회입니다.

이 책은 바로 이러한 한국 교육의 빛과 그림자, 그중에서도 우리가 반면교사로 삼아야 할 실패의 핵심을 용기 있게 진단하고, 미래를 향한 담대한 대안을 제시하고 있습니다.

저자인 김영곤 전 차관보는 교육 행정의 본질에 충실해 온 전문가입니다. 교육부 차관보를 역임하며 중앙 교육 정책을 총괄했을 뿐 아니라, 직업교육정책과장으로서 마이스터고 정책을 혁신적으로 추진하는 등, 교육 현장에 대한 깊은 이해와 정책 기획 능력을 겸비했습니다.

특히 제가 그 중요성을 역설해 온 '선진국 대한민국 교육의 국제적 역할'을 현장에서 직접 수행해 온 국제통(國際通)입니다. OECD 파리본부 정책분석가, 국립국제교육원장을 역임했으며 특히 2015년 인천 송도에서 개최된 유네스코 세계교육포럼의 준비단장으로서 인천선언 채택을 이끌어냈습니다. 이 포럼은 한국이 "모두를 위한 교육"(Education For All)의 모델로서 국제 사회의 기대를 한 몸에 받고 있음을 증명한 역사적 사건이었습니다.

이처럼 세계 교육 발전에 일익을 담당했던 저자는 이제 한국 교육의 가장 아픈 손가락인 경남교육의 위기를 정면으로 응시하고 있습니다. 경남의 학업 성취도가 장기간 전국 최하위권에 머물고, 매년 1,000명 이상의 우수 학생이 지역을 이탈하는 비상 상황! 저자는 이러한 상황을, 가라앉는 배에 비유하며 대오각성을 촉구하고 있습니다.

2015년 세계교육포럼 이후, 저는 우리 교육이 교육의 품위와 격조를 높여야 하며, 우리 아이들을 행복한 세계시민으로 키워야 한다는 새로운 도전에 직면했다고 강조해 왔습니다.

저는 김영곤 전 차관보가 제시하는 『배움과 성장, 이야기가 있는 경남교육』이야말로 새로운 도전에 대한 가장 구체적이고 진정성 있는 응답이라고 생각합니다. 20세기 문제 풀이식 교육이나 얕은 체험에 머무른 행복 교육을 넘어, AI 시대에 인간만이 가질 수 있는 고유한 서사를 교육의 핵심 가치로 삼고자 하는 그의 제안은, 교육의 본질로 돌아가는 혁신적 회귀이자 교육의 품격을 되찾는 길입니다.

　김영곤 전 차관보는 탁월한 교육 행정가이자 국제 전문가일 뿐만 아니라, 다양한 갈등을 원만하게 조율하고 지원하는 조정자(調律家)입니다. 생각이 다른 사람의 말도 경청하고 늘 겸손합니다. 이 책에는 이런 저자의 교육에 대한 꿈과 청사진이 담겨있습니다.

　이 책은 경남의 모든 아이들에게 꿈과 행복을 향한 단단한 사다리가 될 것입니다. 경남교육 관계자들의 자발적인 참여와 자율성을 끌어내는 마중물이 될 거라고 믿어 의심치 않습니다. 이에 출간을 기쁜 마음으로 축하하고, 적극 추천합니다!

서울대학교 명예교수, 前 한국교육개발원장 진 동 섭

저는 경남 거제에서 자식을 낳고 성장시켜 사회에 진출시킨 아버지의 한 사람입니다.

또한 학교 교육에 지대한 관심을 가지고 거제 마전초등학교, 대우초등학교, 중앙초등학교 학교운영위원장을 맡은 바 있으며, 현재는 거제 성지초등학교 학교운영위원장, 거제시 학교운영위원장협의회 회장, 경상남도 학교운영위원장협의회 회장을 맡아 거제는 물론 경남 전역의 초등, 중등, 고등학교 교육 현장을 직·간접적으로 지켜보고 자문해 왔습니다.

특히 자녀들의 인성 교육과 인재 육성을 위한 선진화된 교육을 만들고, 학생, 학부모, 선생님, 교육기관이 '사위일체(四位一體)'가 되어 각자의 책임을 다할 수 있도록 가교 역할을 하고 있습니다.

예로부터 교육은 백년지대계라고 했습니다. 저 역시 평소 교육에 대한 많은 관심을 가지고 활동하고 있으나, 그동안 교육 현장에서 지켜본 바에 의하면 교육제도, 교육정책, 교육지원체계 등 모든 교육 분야에서 너무나도 열악한 부분들에 대해 늘 답답함을 느끼고 있었습니다.

오래 전, 중학생이었던 아이가 저에게 물었습니다. "아빠, 저도 다른 애들처럼 서울 가야 해요?" 가슴이 덜컹 내려앉았습니다.

제 아이뿐만 아니라 수많은 경남의 아이들이 배움의 꿈을 펼쳐 갈 길을 잃고, 부모들은 불안한 마음을 어떻게 해야 할지 갈피를 못 잡고 있는 것이 작금의 경남교육 현실입니다.

교육 현장에서 활동해 오면서 교육제도, 교육정책, 교육지원체계 등 모든 교육 분야에서 더욱 혁신적이고 선진화된 방안을 모색할 수 없을까? 하고 절박하게 고민하다가 우연한 기회에 이 책을 접하게 되었습니다.

이 책을 읽어 가는 내내 "맞아, 바로 이거였어!"라며, 몇 번이나 무릎을 쳤습니다. 저자가 진단한 경남교육의 현실, 특히 매년 1,000명이 넘는 아이들이 더 나은 교육을 찾아 경남을 떠나고 있고, 학력은 전국 최하위권에 머물고 있어 마치 가라앉는 배와 같다는 비유! 이 모든 것이 제가 막연하게 불안해 했던 이유를 정확히 짚어주었습니다.

지난 10여 년간 우리 아이들은 행복교육이라는 이름 아래 어쩌면 가장 중요한 것을 잃었는지도 모릅니다. 이 책에서 지적하고 있는 것처럼 즐거운 체험만 남고, 성장의 불편함은 사라진 교실에서, 아이들은 스스로 배우고자 하는 힘을 잃어버리고 있는지도 모릅니다.

저자는 절망에 빠지는 대신 교육 개혁의 골든타임이 바로 지금이라고 말합니다. 배움과 성장, 이야기가 있는 경남교육이라는 새로운 나침반을 제시하면서 말입니다. 아이가 스스로 질문하는 힘을 되찾고(배움), 실패를 가능성으로 바꾸며(성장), 그 모든 과정을 자신만의 (이야기)로 완성해 가는 교육!

이 책은 경남의 아이들이 지역을 떠나지 않아도 되는 교육정책과 교육지원체계를 만들어가고 싶다는 강력한 의지를 표명하고 있습니다. 자사고든, 특목고든, 혹은 다양한 대안학교든 공교육의 울타리 안에서 선택의 기회를 넓혀주어야 한다는 말씀에 여러 번 고개를 끄덕였습니다.

경남에서 아이를 키우는 모든 부모님과 선생님들께 이 책을 강력하게 추천해 드리고 싶습니다.

경상남도 학교운영위원장협의회 회장 김 창 규

"엄마, 나 그냥 인문계 안 갈래. 거기가 훨씬 미래가 있어 보여."

몇 년 전, 중학생이던 저희 아이가 느닷없이 인문계 고교 진학을 포기하겠다고 선언했습니다. 처음에는 저도 '특성화고는 공부를 못하는 아이들이 가는 곳'이라는 낡은 편견을 갖고 있었기에 덜컥 겁부터 났습니다. 하지만 아이의 생각은 확고했습니다.

"엄마, 이젠 공부만 잘해서 성공하는 시대가 아니야. 일반고 1, 2등급 해봤자 모두가 인서울 가는 것도 아니잖아. 나는 차라리 내가 하고 싶은 공부 하면서 자격증도 따고, 언어도 배우고, 다양하게 배울 수 있는 곳으로 갈래."

아이가 스스로 미래를 고민하고 내린 그 결정을 믿어주기로 했습니다. 이렇게 해서 본인의 의지로 새로 개교한 양산인공지능고등학교에 진학하게 되었습니다.

저희 학교는 양산 최초이자 유일한 AI 분야 특성화고입니다. 700억 원이라는 엄청난 예산을 들여 신설한 학교답게, AI로봇융합실 빅데이터 분석실 같은 최첨단 시설은 물론, 학생들이 자율적으로 활동할 수 있는 메이커스페이스, AI라운지 등 대학 캠퍼스 못지않은 공간을 자랑합니다. 학생들은 이곳에서 'AI융합팩토리', 'AI자동제어시스템' 등 미래 산업에 직결된 전문 교육을 받으며, '인간과 공존하는 착한 AI 전문가'라는 꿈을 키워가고 있습니다.

이 책의 저자인 김영곤 전 차관보님은 저희 학교가 막 첫걸음을 떼었을 때, 양산까지 직접 방문하셔서 학교에 큰 힘을 실어주신 분입니다. 당시 교육부 차관보셨던 분이 저희 같은 신설 특성화고에 관심을 갖고 방문해주신 것만으로도 현장의 교사와 학부모들에게는 엄청난 격려가 되었습니다.

저는 그 방문이 단순한 격려가 아니라, 이 책을 관통하는 핵심 가치인 '교육의 다양성'에 대한 확고한 신념과 철학을 보여준 행보였다고 생각합니다.

오랫동안 경남교육은 획일적인 인문계 중심 교육에 갇혀 있었습니다. 그 결과, 저희 아이처럼 다른 길을 꿈꾸는 학생들은 자신의 재능을 펼칠 기회를 찾지 못하고 수많은 인재가 타 지역으로 빠져나가야 했습니다.

김영곤 전 차관보님은 이 책에서 이러한 경남교육의 위기를 정확히 짚어내고, AI 혁명 시대에는 오히려 경남이 교육의 판을 뒤집을 기회, 즉 '골든타임'을 맞이했다고 역설합니다.

그 해답이 바로 '다양성'입니다. 이 책은 경남교육이 '가라앉는 배'와 같은 위기에서 벗어나려면, 학생과 학부모의 다양한 요구를 공교육 안에서 충족시켜야 한다고 강조합니다. 저희 양산인공지능고등학교가 바로 다양성의 가능성을 보여주는 좋은 사례라고 생각합니다.

이 책이 강조하는 '배움과 성장, 이야기가 있는 경남교육'이라는 비전은, 제 아이가 스스로 자신의 미래를 선택했던 그 순간과 정확히 맞닿아 있습니다.

AI 시대에 무엇을 배워야 할지, 어떻게 성장해야 할지 고민하는 모든 학생과 학부모님들께 이 책이 든든한 나침반이 되어줄 것이라 확신하며 기쁜 마음으로 추천합니다.

양산인공지능고등학교 학부모회장 박 미 여

배움과 성장,
이야기가 있는 경남교육을 꿈꾸며

세상의 판이 바뀐다: 한국식 성공 공식의 몰락

인공지능(AI)과 디지털 혁명으로 인해 국가와 사회가 근본적으로 재편되고 있습니다. AI는 인간의 단순 지식과 반복적인 노동은 물론 고도의 지성이 필요하다고 여겨졌던 전문 영역까지 대체하고 있습니다.

이러한 '지능 혁명'은 우리 사회의 구조와 삶의 방식, 경제 시스템 자체를 바꾸고 있습니다. 지금부터 시작될 변화는 20세기 말의 디지털 대전환은 물론, 18세기 산업혁명까지 뛰어넘는 인류 역사상 전례 없는 변화가 될 가능성이 높습니다. 과거의 그 어떤 혁신도 이처럼 인간의 '지성' 자체를 직접적으로 확장하거나 대체하지는 못했기 때문입니다. AI로 인한 과학기술 혁명과 생산성 혁명이 아직 초기 단계에 불과하다는 것을 감안하면, 그 충격의 깊이를 가늠하기조차 어렵습니다.

변화는 이미 시작되었습니다. 기업들의 신입사원 채용이 급감하고 인력 감축이 빠르게 진행되고 있습니다. 한때 최고의 직장으로 불렸던 공무원의 인기는 확연히 식었으며, 의사를 비롯한 전문직조차 미래를 장담할 수 없게 되었습니다.

이러한 거대한 시대적 변화 앞에서 모두가 혼란스러워하고 있습니다. 변화의 속도가 너무 빠르고, 누구도 속 시원히 정답을 제시하지 못하기 때문입니다. 학생들은 갈팡질팡하고, 부모들은 불안해하며, 국가와 기업들도 명확한 방향을 잡지 못하고 있습니다. 말 그대로 초(超) 불확실성의 시대입니다.

하지만 많은 부모님들이 과거의 성공 공식을 굳게 믿고 있습니다. 좋은 대학에 들어가 대기업에 취직하거나 전문직이 되면 평생이 보장된다는 믿음! 이른바 '산업사회의 성공 공식'입니다.

이 성공 공식에 올라타기 위해 지난 수십 년간 수백만 명의 학생들이 '입시'라는 단 하나의 목표를 향해 달려왔습니다. 하지만 AI가 그 공식의 기반 자체를 무너뜨리고 있는 지금, 그 길은 하루가 다르게 소멸되어 가고 있습니다.

경남교육의 비상 상황: 인재 유출과 시스템 위기

대한민국 경제 발전의 핵심 동력이었던 교육은 이제 계층 고착화의 주범으로 지목받고 있습니다. 특히 경남교육은 심각한 학력 저하(전국 최하위권), 불투명한 예산 낭비, 정실 인사 논란 등으로 뿌리부터 곪아가고 있습니다. 응당 해야 할 학업 성취도 평가조차 기피하는 현실은, 경남 교육당국이 학생들의 학습 결손에 대한 책임을 사실상 포기했음을 보여주는 상징과도 같다고 생각합니다. 국가 주도 발전의 그림자인 획일성과 공급자 주도성이 여전히 학교 현장의 자율성을 훼손하고 있는 것입니다. 그 결과 경남의 학부모님들은 사교육 시장으로 몰려가거나 다른 지역으로 내몰리고 있습니다. '교육 난민'이 된 셈입니다.

더 심각한 것은 지역 소멸을 가속화하는 심각한 인재 유출입니다. 경남은 매년 1천 명 이상의 중학교 졸업자들이 더 나은 교육 환경을 찾아 타 시도로 빠져나가고 있습니다. 이는 전국 도 단위에서 가장 높은 수준입니다. 청년들의 대규모 이탈로 인해 경남 전체가 가라앉는 배와 같은 비상 상황에 처해 있습니다.

이와 같이 경남교육은 한국 교육의 구조적 단점에 지역만의 취약점까지 중첩되어, 학업 성적은 떨어지고 학생, 학부모, 교사 모두가 불행한 총체적 시스템 위기를 겪고 있습니다.

위기를 기회로: 교육 개혁의 골든타임을 잡아라

시대는 빠르게 변하고 있습니다. AI와 저출생 등 여러 난제가 동시에 닥친 지금이 바로 낡은 판을 뒤집을 수 있는 '골든타임'입니다. 우리는 이 위기를 기회로 삼아 교육의 판, 패러다임, 시스템 자체를 바꿔야 합니다. 시대적 대전환의 흐름을 읽고 완전히 새로운 질서를 만들 수 있기 때문입니다.

이제는 불가능할 것만 같던 '개천에서 용 나는 세상'이 다시 현실이 될 가능성이 열렸습니다. 개인의 생산성이 폭발적으로 향상되는 AI 혁명이 시작되었기 때문입니다. 이 흐름에 지혜롭게 대응하고 현명하게 이용해야 합니다. 작은 개선이 아니라 판을 뒤집는 개혁이 필요합니다. 그래야만 5년 뒤, 10년 뒤의 경남과 경남교육이 지금보다 훨씬 건강하고 강력해질 수 있습니다.

시대가 원하는 경남교육 개혁을 위해서는 우선 교육의 본질로 돌아가야 합니다. 이를 위해서는 학생과 교사, 학교의 다양성과 자율성을 바탕으로 믿음과 신뢰를 회복시키는 것이 급선무입니다.

먼저 학교의 자율성과 다양성을 되살려야 합니다. 학교와 교사에게 과감히 권한을 이양하고, 그 결과를 공동체가 함께 책임져야 합니다. 특히 일부 학부모의 무리한 요구나 감정적인 민원으로부터 교육의 본질을 지켜낼 수 있도록 리더가 직접 나서서 교사와 학생들에게 '비빌 언덕'이 되어주어야 합니다. 그리고 이러한 토대 위에 경남교육의 새로운 기둥을 세워야 합니다.

무너져가는 경남교육을 바로 세울 세 개의 기둥, 그것은 바로 '배움, 성장, 이야기'입니다.

배움, 성장, 이야기: 경남교육의 새로운 핵심 가치 제안

이제는 20세기 문제풀이식 입시 교육으로 돌아갈 수도 없고 돌아가서도 안 됩니다. 수박 겉핥기식 체험 교육이나 무기력한 행복교육에 머무를 수도 없습니다. 우리는 인류사적 전환의 파도를 넘을 새로운 나침반이 필요합니다. 그것이 바로 '배움(스스로 질문하는 힘)', '성장(불편함을 통과하는 힘)', 그리고 '이야기(AI가 대체 못할 고유한 서사)'입니다.

첫째, 배움은 자신만의 나침반을 발견하는 것으로 시작됩니다. 교사나 부모가 정해준 길을 무조건 따라가는 게 아니라 "나는 누구이고 무엇이 되고 싶은가? 이러한 목적과 목표를 위해 나는 무엇을 왜, 어떻게 배워야 하는가?"라는 질문을 학생 스스로가 시작하게 해줘야 합니다. 이를 위해 교사는 티처(teacher)가 아니라 코치(coach)가 되어야 하고, 훈육자(disciplinarian)가 아니라 멘토(mentor)가 되어야 합니다.

둘째, 성장은 '불편함을 통과하는 힘'입니다. 진정한 성장은 안전한 울타리 속에서 이루어지지 않습니다. 익숙한 세계를 벗어나 낯선 세계와 마주할 때, 우리는 비로소 자신을 새롭게 만납니다. 스탠퍼드대 캐럴 드웩 교수가 말한 "Not Yet: 아직은 아니다"라는 성장의 언어를 받아들여야 합니다.

마지막으로 이야기(서사)는 배움과 성장을 엮는 시간을 의미합니다. 교육의 시간은 그저 흘러가는 크로노스(Chronos)의 시간이 아니라 사람 속에 겹겹이 쌓여 의미를 만드는 카이로스(Kairos)의 시간이어야 합니다.

이러한 시간 속에서 학생과 교사, 학부모와 학교, 교육청과 지자체의 이야기가 뒤섞여 새로운 이야기로 직조됩니다. 이렇게 만들어진 집단 서사가 바로 우리 공동체의 역사이자 미래가 될 것입니다. 학교는 단순한 행정의 공간이 아니라 모두의 이야기가 켜켜이 쌓이고, 시간이 사람으로 남는 곳이 되어야 합니다.

나무가 아닌 숲을 보는 글로벌 교육 전략가

이처럼 거대한 전환기에는 나무가 아닌 숲을 보는 시야를 가진 글로벌 교육 전략가가 필요합니다. 소백산맥 너머 서울이 아니라 태평양 너머 대륙을 바라봐야 합니다. 수도권과 경쟁해서는 잘해야 수도권의 '짝퉁'이 될 뿐이니까요.

경남과 경남교육을 살리기 위한 개혁은 교육감이나 교사들만의 힘으로는 불가능합니다. 중앙정부, 지자체, 기업과의 긴밀한 협력과 소통이 필수적입니다. "혼자서는 지구를 구할 수 없다."라는 어느 영화 카피처럼, 경남교육의 문제는 경남교육만으로는 해결할 수 없습니다.

그러므로 중앙정부뿐만 아니라 전 세계의 교육 혁신과 연결할 수 있는 네트워크, 글로컬(Glocal) 비전을 실행할 수 있는 전문가가 필요합니다. 또한 고질적인 정실 인사 논란이나 이권 나눠주기 같은 비위로부터 자유로운 리더가 필요합니다.

리더가 된 뒤에 챙겨줘야 할 사람이 많은 사람, 지역에 너무 깊이 매몰된 사람은 개혁의 적임자가 아닙니다. 인(人)의 장막이 없는 리더, 남의 말을 들을 줄 아는 유연하고 부드러운 리더십이 필요합니다.

경남교육은 다시 출발해야 합니다. 배움의 본질을 되묻고, 성장의 의미를 되찾고, 교육의 이야기를 함께 써 내려가야 합니다. 작금의 경남교육은 드넓은 바다로 나가지 못하고 비좁은 항구 안에서 빙빙 도는 배와 같습니다. 거대한 태풍과 해일이 몰려오는데도 행복한 항해라는 공염불만 잠꼬대처럼 반복하고 있습니다.

그 결과 우리 학생들은 거친 바다를 항해할 역량과 능력을 갖추지 못하고 있습니다. 배움은 성장의 여정이 아니라 소비의 대상이 되었고, 꿈을 잃은 학생들은 갈팡질팡하다 자포자기하며 스러지고 있습니다. 보다 못한 부모님들은 아이들의 손을 잡고 난파선과 같은 경남교육에서 탈출하고 있습니다. '가짜 교육'이 모두를 불행하게 만들고 있는 셈입니다.

이제 경남교육은 다시 묻고 시작해야 합니다.

"우리는 어디로 가고 있는가?"

지식을 가르치는 교육에서 벗어나 사람을 세우는 교육으로 나아갑시다. 학생들의 마음에 시간을 새기고, 교사의 가슴에 배움의 의미를 남기며, 지역의 품 안에 교육의 이야기를 쌓아나갑시다. 잃어버린 자율성과 다양성을 되찾아 소중히 키워갑시다. 이것이 바로 '배움과 성장, 이야기가 있는 경남교육'입니다.

우리 모두 함께, 이 위대한 항해를 시작합시다.

행복교육의 역설을 넘어

추천사 ···· 4

프롤로그 배움과 성장, 이야기가 있는 경남교육을 꿈꾸며 ···· 16

1부

경남교육, 위기를 기회로 만들 골든타임을 맞이하다

1장. AI 시대의 한국 교육, 그리고 경남교육

한국 교육의 빛과 그림자 ···· 29

행복교육의 역설: 경남을 탈출하는 청년들 ···· 35

방향을 잃고 가라앉는 배: 경남교육 ···· 40

AI 혁명과 한국식 성공 공식의 종말 ···· 50

고용 없는 성장, 인간 없는 혁신 ···· 57

새로운 인재상과 생존의 조건 ···· 63

AI 시대, 무엇을 가르칠 것인가? ···· 67

경남교육의 골든타임을 잡아라 ···· 72

2장. 다양성과 자율성, 공공성이 있는 경남교육

다양성: 교육 수요자를 위한 맞춤형 교육 ···· 78

자율성: 교사에게 권한을, 학교에 활력을 ···· 85

믿음과 신뢰: 무너진 관계의 회복 ···· 91

MZ 세대 교사의 도전과 성장 지원 ···· 98

3장. 지역 균형발전과 글로컬 경남교육

경남형 국제화 교육 전략 구축: 지역에서 세계로 ·················· 103

기업과의 연계와 평생교육: 평생 배움 플랫폼 구축 ·················· 109

지역(로컬) 균형발전: 교육으로 경남을 잇다 ·················· 113

4장. 아이와 함께, 새로운 미래를 여는 경남 유아교육

왜 유아교육인가?: 흔들리는 출발선, 새로운 약속 ·················· 119

경남 유아교육의 현주소: 구조적 문제와 현장의 딜레마 ·················· 122

미래를 위한 약속: 전문성, 공공성, 상생의 길 ·················· 127

경남 유아교육, 새로운 희망을 향하여 ·················· 131

2부

배움과 성장, 이야기가 있는 경남교육

1장. 배움: 스스로 질문하는 힘

배움의 새로운 정의: 지식을 넘어 삶의 의미로 ·················· 135

배움의 주체: 함께 성장하는 학습 공동체 ·················· 139

배움의 대상: 교과서를 넘어 삶의 문제로 ·················· 143

배움의 새로운 형태: 연결, 탐구, 성찰, 창조 ·················· 146

배움의 철학과 생태계: 학교-지역의 순환 구조 ·················· 150

2장. 성장: 불편함을 이겨내는 힘

성장의 재발견: 편안함의 항구를 떠나 낯선 바다로 ·············· 156

실패와 위험: 성장을 위한 안전한 디자인 ·············· 162

회복탄력성: 넘어져도 다시 일어서는 힘 ·············· 168

Not Yet(아직은 아니다): 가능성을 여는 성장의 언어 ·············· 171

함께 성장하는 공동체: 학생, 교사, 지역의 변화 ·············· 175

3장. 이야기: AI가 대체 못할 고유한 서사

시간의 예술, 교육: 이야기는 어떻게 사람 안에 쌓이는가 ·············· 179

학생, 교사, 지역의 이야기: 함께 엮어가는 공동체 서사 ·············· 182

서사 기반 성장 교육(SBN): 배움과 성장을 이야기로 완성하다 ·············· 184

AI 시대, 왜 이야기인가?: 대체 불가능한 인간 고유의 가치 ·············· 186

3부

나의 이야기: 모두가 별이 되는 세상을 꿈꾸며

내 청춘의 사다리: 어린 시절부터 군복무까지 ·············· 194

학교와 교육청 근무, 미국 연수를 통해 경험을 쌓다 ·············· 200

교육부와 OECD에서 미래 교육을 설계하다 ·············· 204

국립국제교육원장을 거쳐 교육부 차관보가 되다 ·············· 210

에필로그 다시 한 번, 경남의 미래와 교육의 미래를 위하여 ·············· 214

1부
경남교육,
위기를
기회로
만들
골든타임을
맞이하다

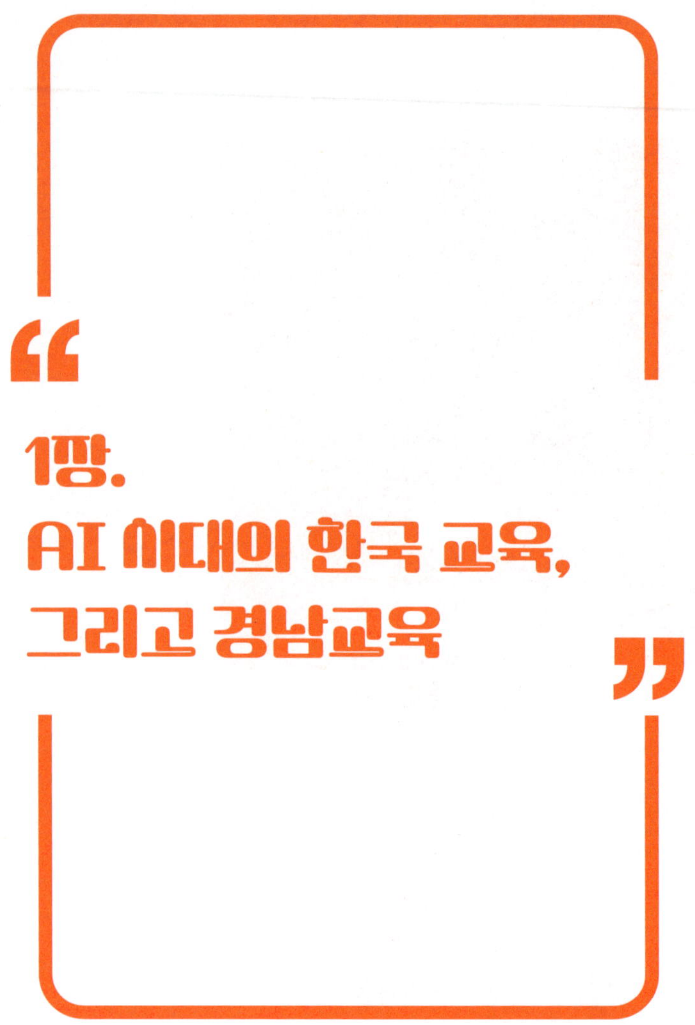
1장.
AI 시대의 한국 교육,
그리고 경남교육

한국 교육의
빛과 그림자

"한국 교육 우습지 않다."

한국 교육의 원동력은 계층상승을 이루겠다는 강렬한 열정이었습니다. 교육은 전쟁 이후 폐허 속에서 가난의 대물림을 끊고 계층 이동을 이룰 수 있는 가장 확실한 수단으로 맹신되었고 실제로도 그러했습니다.

이러한 열망은 '한강의 기적'을 낳았고, 세계가 인정하는 고소득 국가로 성장하게 해주었습니다. 지난 수십 년간 대한민국의 역동성과 경제발전의 핵심이 교육이었다는 데는 의심의 여지가 없습니다. 물론 그 밖에도 여러 요인들이 있었지만요.

우리나라는 국제적으로 보면 교육을 굉장히 잘하는 나라로 평가받고 있습니다. 세계 여러 나라가 한국교육을 본받으려 합니다. 특히 개발도상국들은 한국의 교육 시스템과 교육열을 무척 부러워해 왔습니다. 이것은 책에서 본 '카더라'가 아니라 제가 직접 겪고 느낀 것입니다. OECD 파리본부 교육국에서 정책분석가로 일할 때 실제로 그런 말을 여러 번 들었거든요. 그 후에도 국제무대를 오가며 활동할 때마다 비슷한 말을 듣곤 했습니다.

이는 객관적으로도 사실입니다. 우리나라의 OECD PISA(국제 학업성취도 평가) 결과는 수학, 읽기, 과학 전 영역에서 지속적으로 최상위권을 유지하고 있습니다. 가장 최근(2023년 12월)에 발표된 'PISA 2022' 본검사 결과에 따르면, 우리나라 학생들의 성취도는 OECD 38개국 중 수학 영역 1~2위(527점), 읽기 영역 1~7위(515점), 과학 영역 2~5위(528점)를 기록하며 세계 최고 수준임을 다시 한번 입증했습니다.

특히 2024년 6월에 추가로 발표된 'PISA 2022'의 혁신 평가 영역인 '창의적 사고력' 평가에서도 우리나라는 OECD 회원국 중 1~3위를 차지했습니다. 이것은 주입식 교육이라는 비판에도 불구하고 우리 교육이 꾸준히 개선되어 왔으며, 학생들의 고차원적 역량 또한 성공적으로 함양하고 있음을 시사합니다.

하지만 이러한 지표들이 서서히 악화되고 있습니다. 특히 상위권 학생들과 중하위권 학생들의 격차가 심각할 정도로 커지고 있습니다. 일선 학교에서도 많은 선생님들이 그렇게 말하고 계십니다. 모든 학생들의 문해력이 함께 낮아지는 가운데, 중하위권 학생들의 학력이 눈에 띄게 떨어지고 있는 것입니다.

예전에는 "한국 학생들이 불행할지언정 실력은 좋다."라고 했는데, 이제는 그 실력조차 하향세와 양극화에 빠져버린 것입니다.

고질병이 되어버린 교육열

학문적 성취가 사회적 지위와 직결되었던 고려, 조선 시대의 과거(科擧) 제도는 교육을 통한 입신양명(立身揚名)이라는 강력한 사회적 가치를 형성했습니다. 이것이 전쟁 이후 생존과 성공을 위한 치열한 경쟁과 결합하며 강력한 교육열로 이어졌습니다.

이러한 교육열은 앞에서 말씀드렸듯이 경제발전의 원동력 중 하나였습니다. 하지만 시간이 지나자 교육열을 넘어 '교육병(病)'이 되기 시작했습니다. 20세기에는 국가 발전의 엔진이었는데, 이제는 학생들의 행복을 잠식하고 학부모에게 감당하기 힘든 부담을 지우는 고질병이 되어버린 것입니다.

이러한 교육병은 절대다수가 가난했던 시대를 지나 빈부격차가 커지면서 더욱 심해졌습니다. 자본소득과 자산소득이 노동소득을 아득히 초과하여 청년 세대의 희망과 의욕을 앗아갔습니다.

그럴수록 오히려 교육병은 더욱 심해졌습니다. 교육 문제와 사회 문제, 경제 문제가 복잡하게 뒤엉켜 서로를 더욱 악화시키는 역(逆) 시너지 효과가 발생한 것입니다. 사회적 대타협이나 시스템 혁신 없이 각 주체가 자신만의 논리로 질주한 결과, 문제가 더더욱 심각해져 갔습니다.

지금의 한국 교육은 어디서부터 어떻게 손을 대야 할지 모를 정도로 복잡하게 얽혀버린 '고르디우스의 매듭'과 같습니다. 그렇다고 알렉산더 대왕처럼 이 매듭을 단칼에 잘라버릴 수도 없습니다. 수많은 학생의 인생과 기업, 그리고 국가의 미래가 걸려 있기 때문입니다.

동상이몽에 빠진 한국교육

지금의 한국 교육은 학부모, 교육 당국, 학생, 교사, 사교육 시장, 기업, 대학, 지방자치단체 등 모든 이해관계자가 각기 다른 방향을 바라보고 있습니다. 이들은 저마다 '내 방향이 맞다'고 주장하며, 교육이라는 하나의 목표물을 두고 저마다 자신이 가고 싶은 쪽으로 끌어당기고 있습니다.

그 결과 교육 현장은 마치 모든 방향에서 동시에 줄다리기를 하듯 팽팽한 긴장 상태에 놓여 있습니다. 학교들끼리도 마찬가지입니다. 중학교와 고등학교는 대학교를 원망하고, 대학교는 고등학교에 불만을 가지고, 초등학교와 유아교육은 악전고투하는 상황! 이런 현실을 두고 '한국 교육이 오체분시(五體分屍)되고 있다'고 말하는 게 과연 지나친 표현일까요?

이러한 극심한 대립 구도 속에서 정작 교육의 본질은 실종되고 있습니다. 모두가 필사적으로 노력하는데 어디로도 가지 못하고 모두가 지쳐가고 있습니다. 요즘 세대의 말로는 그야말로 '혼파망(혼돈, 파괴, 망각)' 상태이며, 기성세대의 말로는 '개판 5분 전'이라고밖에 표현할 길이 없습니다. 한국 교육의 문제들이 일시적인 감기몸살을 넘어 고질병, 만성질환이 된 것입니다.

교육의 실패 VS 입시제도의 실패

그런데도 우리 사회의 학벌주의는 여전히 강력합니다. 어느 대학을 나왔는지가 인생을 결정하는 풍조가 여전히 한국 사회에 깊게 뿌리내리고 있습니다.

한국교육개발원(KEDI)이 2024년에 실시한 조사에서도 "학벌주의가 심화될 것"이라는 응답이 34.2%, "큰 변화 없을 것"이라는 응답이 48.3%였습니다. 학벌주의의 심각성이 유지되거나 오히려 더 강해질 거라고 보는 시각이 압도적인 셈입니다.

한국 교육의 문제는 교육 그 자체의 실패라기보다는 학벌주의로 인한 '입시제도의 실패'라고 진단할 수 있습니다. 교육 당국과 교사들은 본연의 '교육'을 하려 하지만, 학부모들은 모든 것을 '입시'라는 단일 프레임으로 해석하는 데서 근본적인 불일치가 발생하는 것입니다.

이는 우리 사회가 지나치게 편협하고 획일화된 성공 공식을 갖고 있기 때문입니다. 명문대를 졸업하고 대기업에 들어가거나 의사 같은 전문직이 되는 것! 모두가 이것만 바라보다 보니 교육의 지향점과 실제 교육 현실이 크게 어긋날 수밖에 없습니다.

즉 입시가 교육을 집어삼킨 셈입니다. 모든 교육과정이 취업을 위한 준비 과정으로 여겨지다 보니 교육의 본질에 충실하려는 모든 시도는 걸림돌이나 장애물, 현장을 모르는 탁상공론 취급을 받기 일쑤입니다.

시험은 본래 교육의 결과를 평가하고 보완하기 위한 수단이어야 하지만, 지금은 꼬리가 몸통을 흔드는 격으로 교육 전체를 지배하고 있는 셈입니다.

문제풀이식 입시의 폐해

그러면 입시 자체를 없애야 할까요? 그렇지 않습니다. 입시 자체는 문제가 아닙니다. 대학은 자신들이 원하는 인재를 뽑을 권리와 자유가 있으니까요.

하버드대학에도 입시가 있고 대안학교나 미래지향적 학교들도 나름의 입시가 있습니다. 즉 입시 자체는 자연스러운 과정이며 아무리 비판적으로 보더라도 필요악이라고 할 수 있습니다. 입학을 원하는 모든 학생을 받아줄 순 없기 때문입니다. 문제는 입시 자체가 아니라 '문제풀이식 입시'에 있습니다.

평등교육과 미래교육, 행복교육을 표방하며 시도되었던 대부분의 정책은 이런 점을 간과했습니다. 그래서 오히려 사교육 시장 팽창과 부익부 빈익빈 심화를 초래하고 말았습니다. 정보력과 경제력을 갖춘 부유층이 복잡한 입시 제도에 훨씬 유리해지면서, 문제를 해결하려는 정책이 상황을 악화시키는 악순환에 빠진 것입니다.

특히 아주 어린 나이부터 입시에 물든 아이들은 '공부 트라우마'를 겪고 공부 자체를 거부하게 될 수도 있습니다. 설령 목표를 이뤄 의사가 되어도, 삶의 공허함을 느끼거나 행복도가 떨어지는 우울한 인생을 살 수 있다는 경고도 나옵니다.

30년 전에 머물러 있는 한국 교육

교육계의 문제들은 시대가 흘러도 본질적으로 크게 달라지지 않았습니다. 지금으로부터 30여 년 전에 발표된 5.31 교육개혁을 돌이켜보면 더욱 명확해집니다. 당시 문민정부는 '자율'과 '다양성'을 기치로 내걸고 대학 설립을 쉽게 하고, 입시 제도를 다양화하며 학교 운영의 자율성을 높이고자 했습니다.

하지만 그 결과는 어떠했습니까? 특수목적고등학교 등이 늘어나며 서열화된 입시 특화 학교들만 양산되었을 뿐, 진정한 교육의 다양화와 자율화는 요원한 상태로 남았습니다. 놀랍게도 그때 중요하게 다루어졌던 문제들이 현재 우리가 겪고 있는 교육 문제들과 거의 똑같습니다.

이는 지난 30년간 교육 정책들이 근본적인 해결책을 제시하지 못하고 실패를 거듭해 왔다는 방증입니다. 즉, 우리는 30년 전에 풀어야 했던 숙제와 여전히 씨름하고 있는 셈입니다.

행복교육의 역설:
경남을 탈출하는 청년들

오바마 대통령의 착각

저는 앞에서 OECD 교육 정책관으로 일하며 세계 교육의 흐름을 몸소 느끼고 경험했다고 말씀드렸습니다. 그게 벌써 20여 년 전의 일입니다. 2025년 현재, 대한민국 교육의 국제적 위상은 그때와 현저히 달라졌습니다. 안타깝게도 좋게 달라진 것이 아니라 나쁜 쪽으로 달라졌습니다.

이제는 선진국 중에서 한국 교육을 칭송하는 외국인을 찾아보기 힘듭니다. 일부 개발도상국만이 여전히 우리의 과거 성공 모델을 짝사랑(?)하고 있을 뿐이죠.

몇 년 전만 해도 이렇지 않았습니다. 버락 오바마 전 미국 대통령은 대한민국 교육을 여러 차례 극찬한 바 있습니다. 그는 미국 교육의 개혁을 촉구하며 한국을 모범 사례로 거론했습니다.

가장 유명한 발언은 2009년 히스패닉 상공회의소 연설에서 나온 "한국에서는 교사들이 '국가 건설자'로 알려져 있습니다." (In South Korea, teachers are known as 'nation builders.')라는 말입니다. 또한 그는 "한국의 아이들은 우리 아이들보다 1년에 한 달 이상 더 학교에서 공부합니다." (Children in South Korea are going to school 30 days more a year than our children.)라고 언급하며, 한국의 높은 교육열과 학업 시간을 미국의 분발을 촉구하는 근거로 삼기도 했습니다.

그러나 이러한 평가는 일종의 착각이었습니다. 외부에서 보는 시선과 달리 내부의 문제는 이미 곪아 있었기 때문입니다. 그때도 이미 아니었지만 2025년인 지금은 더더욱 아닙니다. 물론 한국 교육 시스템은 나름대로 여전히 잘 돌아가고 있는 것처럼 보입니다. 하지만 그간 누적된 수많은 문제를 볼 때, 도저히 '합격 목걸이'를 줄 수 없는 상황입니다.

성장의 엔진에서 걸림돌로: 한국 교육의 슬픈 자화상

단순히 입시 제도의 기술적인 문제를 말하는 게 아닙니다. 20세기의 성공 공식에 매몰된 한국 교육이 '성공의 역설'에 직면했다는 뜻입니다. 과거의 성공 방정식이 오히려 현재의 발목을 잡고 있는 것입니다.

1990년대에 '쉬리'를 시작으로 한국 영화의 르네상스를 이끌었던 기성 제작자들의 영화가 서서히 외면받기 시작하고, 반대로 '체인소맨'이나 '귀멸의 칼날' 같은 작품이 젊은 층의 각광을 받는 것도 비슷한 현상이라고 생각합니다.

한때 '한강의 기적'을 이끌며 대한민국 고도성장의 핵심 동력으로 '열일'했던 한국 교육! 바로 그 한국 교육이 이제는 미래 세대의 경쟁력을 갉아먹고 있습니다. 급격하게 변화하는 시대의 흐름에 발맞추지 못하는 '뒤떨어진 교육'이 된 것입니다.

심지어 지금은 계층 이동의 사다리가 아니라 계층 고착화의 주범으로, 청소년 우울증과 자살률 증가의 주범으로까지 지목받고 있는 것이 2025년 한국 교육의 슬픈 자화상입니다.

교육이 망쳐버린 대한민국의 부동산과 미래

이처럼 한국 교육이 '성공의 엔진'에서 '사회의 걸림돌'로 전락한 현실은, 이제 교육계를 넘어 사회 전반의 전문가들이 경고하는 위험 신호가 되었습니다.

얼마 전 이창용 한국은행 총재가 이렇게 말했습니다.

> "서울에 집을 아무리 많이 지어도 인구가 (서울로) 계속 유입된다면 공급이 따라갈 수 없습니다. (중략) 입시제도나 교육 문제가 해결되어 서울로 들어오는 유입을 줄여야 부동산 가격을 잡을 수 있습니다."

서울 집값이 오르는 근본 이유가 입시와 교육 문제 때문이라는 뜻입니다. 외국인은 이해하기 힘들지 몰라도, 한국인이라면 이 진단이 전혀 이상하게 들리지 않을 것입니다.

물론 결코 바람직한 현상이 아닙니다. 지방에서는 더 이상 좋은 교육을 받을 수 없다는 절망감이 사람들을 서울로, 수도권으로 몰려들게 만든다는 뜻이니까요. 그 결과 지방은 텅 비고 수도권은 미어터지며, 대한민국 전체의 출생률이 세계 최저 수준으로 떨어져 버렸습니다. 이것은 서울에도, 지방에도 좋지 않은 일입니다.

특히 이러한 현상은 수많은 젊은이의 희망과 근로 의욕을 송두리째 빼앗아갔습니다. 자본소득이 노동소득을 아득히 추월해 버렸기 때문입니다. 1년 동안 뼈 빠지게 일해도 천만 원을 저축하기 힘든데, 집값은 눈앞에서 1억, 10억씩 뛰는 세상을 마주한 것입니다.

아무리 열심히 일해도 집을 살 수 없고, 집을 못 사니 결혼을 포기합니다. 결혼을 해도 천정부지인 아이 교육비가 무섭고, '흙수저' 계급을 물려줄까 봐 아이를 낳지 않습니다. 이런 청년들에게 일확천금의 유혹은 너무나 달콤하게 다가옵니다. 중고생들이 불법 도박 사이트에 빠진 지 오래고, 대학생들이 코인이나 주식으로 인생 역전을 노리다가 오히려 큰 빚을 지는 일이 비일비재합니다.

비슷한 교육제도를 가진 이웃 나라 청년들도 크게 다르지 않습니다. 중국 청년들은 '탕핑(躺平, 드러눕기)'을 선언하며 아무것도 하지 않습니다. 일본 청년들은 '초식동물'이 되었습니다. 그리고 한국 청년들은 120만 명이나 집에서 '그냥 쉬고' 있습니다.

삶의 길은 여러 갈래일진대

이렇게 된 데에는 다양한 원인이 있을 것입니다. 사회 자체의 문제도 있고 부모님과 본인의 문제도 분명 있겠죠. 하지만 교육의 잘못이 크다는 것은 누구도 부정할 수 없을 것입니다. 한두 명의 일탈이 아니라 자그마치 100만 명 이상의 청년들의 문제니까요. 게다가 일을 하고 있는 청년들도 상당수가 다양한 고민과 문제를 견디며 살아가고 있습니다.

어느 드라마의 대사처럼 우리는 벌을 받으려고 사는 게 아닙니다. 하지만 수많은 청년들이 '나는 머리가 나빠서', '공부를 잘하지 못해서', 학교를 졸업한 뒤에도 계속 벌을 받고 있다고 생각합니다. 본인이 자각하든 자각하지 못하든 마찬가지입니다.

이렇게 된 가장 큰 원인은 교육이 그들의 다양성과 자율성을 키워주지 못했기 때문입니다. 인생에는 다양한 길이 있고 사람의 천품(天稟)과 재능은 전부 다른데, 문제 푸는 기계로서의 성능(?)이라는 단 하나의 기준으로 그들을 평가했으니까요.

전국 방방곡곡에 자동차 도로가 만들어져서 교통체증이 해소되어 왔는데, 왜 사람의 길은 한 줄만 만들었을까요? 이 과정에서 우리는 얼마나 많은 손흥민과 김연아, 봉준호를 잃어버렸을까요?

저는 30여 년간 교육계에 몸담은 교육 전문가로서, 지금까지 말씀드린 현실에 깊은 고민과 무거운 책임감을 느껴 왔습니다. 현실에 힘겨워하는 학생들과 학부모님, 그리고 선생님들을 볼 때마다 일종의 '부채의식'마저 느꼈습니다.

그래서 이 문제를 해결하는 데 작은 힘이라도 보태고자 이 책을 쓰게 되었습니다. 더 나아가 제 나름의 능력과 경험을 발휘하여 한국 교육과 제 고향 경남의 교육을 혁신하고 싶다는 포부도 갖고 있습니다.

방향을 잃고 가라앉는 배: 경남교육

　프롤로그에서 말씀드렸듯이 경남의 공교육은 고질적인 획일화와 그로 인한 무기력증, 학력 저하, 그리고 인재 유출 등으로 고통받고 있습니다. 이는 한국 교육의 구조적 단점에 경남의 취약점이 중첩되어 나타나는 현상입니다.

　이로 인해 경남교육은 '가라앉는 배'와 같은 비상 상황에 처해 있습니다. 경상남도의 학업 성취도와 수능 결과는 오랫동안 전국 최하위 그룹에 머물러 있으며, 청년 인구 감소 가속화로 인해 매년 중학교 졸업자 1,000명 이상이 타 시도로 진학하고 있습니다.

　이러한 거시적인 문제들보다 더 심각한 문제는 교사와 학부모, 학생 모두가 교육 현장 전체를 감싸는 무기력증에 빠져 있다는 것입니다. 교사들은 의욕과 사명감을 잃고 그저 '오늘도 무사히' 지나가기를 바라고 있습니다.

　이것은 과장이 아닙니다. 제가 경남교육 현장에서 만난 여러 선생님들이 해주신 말입니다. 초등학교 선생님들은 생활지도를 포기하고, 중고교 선생님들은 학습지도를 포기하고 있습니다. 초등학교 선생님들은 일부 학부모들의 민원과 소송 때문에, 중고교 선생님들은 '학원에서 이미 배웠거든요?'라며 수업을 소홀히 하는 학생들 때문에 그렇습니다.

학생들 역시 배움과 성장 없이 하루하루를 때우고 있으며, 기초체력 저하와 함께 자포자기한 모습을 보이고 있습니다. 지난 10여 년간 경남에서 강조된 행복교육은 학교를 도전의 불편함과 성장을 위한 긴장이 사라진 '불편함의 제거 시스템'으로 변질시켰습니다. 그 결과 성적과 역량은 떨어지고 아이들은 행복하지도 않은, '이도 저도 아닌' 상태가 되어버렸습니다.

아무도 행복하지 않은 '행복교육'의 역설

학생들은 도전과 성장의 기회를 잃어버렸습니다. 배움은 성장을 위한 여정이 아니라 순간적인 만족을 추구하는 '교육상품의 소비 체험'으로 전락했습니다. 그 결과, 다가올 AI 시대에 필수적인 비판적 사고력과 회복탄력성 같은 핵심 역량을 심각하게 약화시키는 결과를 낳았습니다.

하지만 사람은 고통 없이 성장할 수 없습니다. 근력운동을 하면 근육이 찢어지지만 그것이 복구되면서 커지고 강해집니다. 막막하고 고독한 수련과 탐색, 시행착오와 암중모색 없이 성숙한 지성은 탄생하지 못합니다. 축구를 잘하고 싶으면 노골이나 패스미스를 두려워해선 안 되고, 권투를 잘하고 싶으면 얻어맞는 걸 두려워해선 안 됩니다. 피겨 스케이팅 대회에서 최고의 연기를 선보이고 싶으면 연습장에서 수백 수천 번 넘어져야 합니다.

그렇게 실수와 실패를 겪어도 다시 일어서서 도전하는 것이 진짜 회복탄력성입니다. 소중한 내 아이를 털끝만큼도 기분 나쁘게 하지 않겠다는 생각은 아이를 나약하게 만들 뿐입니다. 귀한 자식일수록 엄히 기르고 여행을 보내라는 선현들의 말씀은 괜히 있는 것이 아닙니다.

가장 큰 문제는 졸업한 학생이 불행할 확률이 높아진다는 것입니다. 역량을 키울 기회를 박탈당하고 그저 하루하루 학교를 오간 학생들은 현실 사회의 잔혹함 앞에서 좌절할 수밖에 없습니다.

동기부여가 사라진 무기력한 경남교육

행복교육의 진짜 문제는 편안함을 추구하는 것이 아닙니다. 학생들의 자기동기부여(self-motivation) 부족을 방치하는 것이 진짜 문제입니다. 게임은 밤새도록 할 수 있지만 공부는 10분도 못 버티는 학생들이 많습니다. 게임은 즉각적인 반응과 보상을 주지만 공부는 그렇지 않기 때문입니다. 따라서 스스로 동기를 부여해야 합니다. 공부뿐만 아니라 학교생활도 마찬가지입니다.

하지만 소위 행복교육은 스스로 동기를 부여하는 훈련도 되어 있지 않은 상태에서 학생들이 '알아서 하라'고 방임했습니다. 그 결과 하위권 학생들은 자포자기하고, 중위권 학생들은 우왕좌왕하며, 상위권 학생들은 '탈출은 지능순'이라고 외치며 경남을 떠나고 있습니다.

예전에는 학교에서 체벌이 심했습니다. 체벌은 근절되어야 하지만 일종의 학습 동기가 되어주긴 했습니다. 그리고 먹고 살기 힘들었기에 신분상승을 위해 배우고, 생존을 위해 일해야 한다는 동기부여도 강했습니다.

그런데 지금 우리 사회와 군대, 학교에서는 이러한 동기부여가 예전에 비해 훨씬 줄어든 상태입니다. 선진국이 되었기 때문입니다. 이제 청년들은 생존이 아니라 자아실현과 인정욕구, 삶의 의미를 갈구하고 있습니다. 이는 '매슬로의 5대 욕구 이론'과 정확히 부합합니다.

다시 말씀드리지만 체벌을 부활시키자는 게 절대 아닙니다. 예전처럼 가난해지자는 말도 물론 아니고요. 핵심은 '부정적 동기부여가 사라진 자리에 '긍정적 동기부여'가 자리잡지 못했다는 사실입니다.

미국이나 유럽의 국가, 단체, 기업들은 자발성과 명예, 긍지, 인정 등의 내면적 동기부여를 끌어내기 위해 노력합니다. 예를 들어 구글처럼 직원이 자율적으로 프로젝트를 진행하고 성공 시 인정받는 문화를 조성합니다. "내 일은 내가 알아서 잘하겠다. 그러니 그만큼 나를 인정해주고 대우해 달라."라고 당당히 요구하는 거죠.

미 육군(U.S. ARMY)은 정교한 인사체계와 평가체계를 갖고 있지만 그것만으로는 조직이 원활하게 돌아갈 수 없다는 걸 잘 알고 있습니다. 그래서 구성원의 자발성을 이끌어내기 위해 많은 노력을 기울이고 있으며, 장교들과 부사관들에게도 그러한 리더십을 강조하고 있습니다. 즉 동기부여를 리더십의 핵심 요소로 보고 있는 것입니다.

하지만 '행복교육'은 이런 부분을 간과했습니다. 선진국의 양육과 교육의 본질을 모르고 수박 겉핥기식으로 이해하고 어설프게 적용한 셈입니다. 그 결과 학생들은 공부의 이유와 재미를 모른 채 무기력해졌고, 교사들은 의욕과 리더십을 상실하고 말았습니다. 학부모들은 불안해하고 지자체는 인구 유출로 전전긍긍하고 있죠.

아무도 행복하지 못한 '행복교육'이 되어버린 것입니다.

행복교육의 구조적 무기력과 신뢰 붕괴

이처럼 행복교육은 부정적 동기부여도, 긍정적 동기부여도, 하다못해 게임 같은 즉각적 강화도 없이 학생들을 방치해 왔습니다. 결국 상위권 학생들을 제외하면 뭘 어떻게 해야 할지 모르는 수동적인 상태가 되었고, 불안해진 학부모님들은 교사들을 원망하다가 수도권을 비롯한 다른 지역으로 '엑소더스(탈출)'하였으며, 교사들과 학교는 자포자기 상태가 되었습니다. 이러한 자기동기부여(self-motivation) 공백은 경남교육의 무기력을 심화시켰고, 공교육에 대한 신뢰는 추락하고 말았습니다.

이와 같은 교육 당국의 무사안일과 방치로 인해 대다수의 선량한 교사, 학생, 학부모가 괴로워하고 있습니다. 일선 교사들은 교육청이나 학교가 문제를 무마시키거나 모른 척하기 일쑤라고 느끼며, 교장과 교감으로부터 도움을 받지 못한다고 원망하며 사명감과 의욕을 잃은 껍데기가 되어가고 있습니다.

교사들은 교육적 신념을 펼치기보다 문제를 일으키지 않으려는 '자기검열'을 강요당하고 있습니다. 심지어 일부 교사들은 아이들이 떠들든 공부를 하든 제멋대로 굴든 신경 쓰지 않습니다. 그저 적당히 재미있는 이야기를 해주거나 영상을 보여주며 '즐겁게' 해주기만 합니다.

이것은 교육을 포기하는 것과 다름없습니다.

이러한 교사가 아이들을 제대로 가르치는 교사보다 더 나은 학생·학부모 평가를 받는 기막힌 현실입니다. 이 모든 구조적 실패와 현장의 무기력 속에서 가장 큰 피해자는 바로 자라나는 우리 어린이들과 학생들, 그리고 청년들입니다.

그리고 그 결과 다음과 같은 현상들이 벌어지고 있습니다.

전국 최하위권인 경남 학력

경상남도의 학업 성취도와 수능 결과는 오랫동안 전국 최하위 그룹에 머물러 있습니다. 특히 국어, 영어, 수학 과목의 수능 성적은 12년 동안 전국 최저 수준이었다는 충격적인 지적까지 나옵니다. 이러한 기초 학력 부진은 단순히 낮은 점수에 그치지 않고, 중상위권 대학 진학에 필요한 수능 최저 학력 기준조차 충족하지 못하는 결과로 이어지고 있습니다. 심지어 내신 1등급 학생조차 수능 최저를 맞추지 못해 서울 상위권 대학은 물론 지역 거점 국립대 진학마저 어려워하는 사례가 발생할 정도입니다.

그런데도 지난 10여 년간 '학생과 교사가 행복해야 한다'며 학력과 역량을 키워주는 교육을 금지하다시피 했습니다. 배움과 성장, 자기만의 서사(이야기)가 있어야 할 교실은 무기력과 열패감, 학력 양극화 등의 늪에 빠졌습니다. 교육청만 행복한 '행복교육'을 탈출한 학생들의 행렬이 경부고속도로로 이어졌습니다.

상황이 이렇다 보니 일부 고등학교 선생님들은 "경남 학생들은 (수능 최저를 못 맞추기 때문에) 학생부종합전형이나 교과전형으로밖에 대학을 갈 수 없다."라는 말까지 합니다.

청년 인구 감소 가속화

경남은 현재 전국 도 단위에서 가장 심각한 인재 유출을 겪고 있습니다. 앞에서 말씀드렸듯이 매년 중학교 졸업생 중 1,000명 이상이 더 나은 교육 환경을 찾아 경남을 떠나 타 시도의 자율형 사립고나 특수목적고 등으로 진학하고 있습니다.

이는 전국 평균(2.82%)을 훨씬 웃도는 높은 수치(경남 3.95%)로, 경남이 도 단위에서 가장 심각한 인재 유출을 겪고 있음을 보여줍니다. 이러한 학생들의 이탈은 단순히 우수 학생이 줄어드는 것을 넘어, 지역 교육 생태계 전체의 활력을 떨어뜨리고 학력 저하를 심화시키는 악순환을 만듭니다.

학생들뿐만 아니라 청년 인구의 유출도 심각합니다. 2023년 한 해에만 경남의 청년 18,827명이 지역을 떠났습니다. 청소년과 청년들이 경남을 떠나는 근본적인 이유로는 불안정한 주거, 부족한 일자리와 함께 바로 이 '교육 문제'가 자리 잡고 있습니다. 교육에서 시작된 이탈이 불안정한 일자리 및 주거 환경과 맞물려 지역 소멸을 가속화하는 근본적인 원인 중 하나가 된 것입니다.

이러한 인구 유출은 지방 소멸의 위기를 더욱 가속화합니다. 경남 지역 초등학교의 41.3%가 이미 전교생 100명 이하의 소규모 학교이며, 이는 학생 수 감소로 인한 학교 통폐합의 압력이 계속 커지고 있음을 의미합니다.

실제로 1990년부터 현재까지 550여 개의 경남지역 학교들이 문을 닫았습니다. 이는 전국에서 세 번째로 많은 수치입니다. 이러한 학교 소멸은 지역 공동체의 붕괴로 이어지는 심각한 문제입니다.

종합병원이 되어버린 경남교육

저는 경남교육이 '가라앉는 배'라고 감히 말씀드린 바 있습니다. 그런데 문득, '병원에 비유하면 더 와닿겠다.'는 생각이 들었습니다.

이 병원의 현실은 참담합니다. 의사(교사)들은 스스로 지쳐 아프고 의욕을 잃었으며, 환자(학생)들은 기초 체력마저 엉망인 채 자포자기한 상태입니다. 환자 보호자(학부모)들은 더 나은 치료를 찾아 이 병원에서 탈출하여 서울의 큰 병원으로 향하고 있습니다. 그렇게 1년에 천 명이 넘는 환자들이 이 병원을 떠나고 있습니다.

그런데도 병원 경영진(경남교육청)은 병원을 탈출하는 환자와 보호자들을 붙잡을 생각을 하지 않습니다. 병원의 근본적인 문제가 아니라 외부 환경 탓이라고, 어쩔 수 없는 현상이라고, 다른 지방 병원들도 다 똑같다고 변명하기에 급급합니다.

그러면서 환자 보호자들이 낸 세금으로는 병의 근본적인 치료가 아닌, 겉만 번지르르한 부속 건물들, 이름만 다른 'AI치료원'이나 '행복치료원' 같은 것들을 짓는 데 열중합니다.

심지어 병원 경영진은 "값비싼 VIP 병실과 중환자실을 없애고 부유한 환자든 가난한 환자든 똑같은 12인실에서 치료받게 했으니 성공입니다!"와 같은 말만 반복합니다. 환자들의 개별적인 상태나 체질, 병세는 무시한 채 똑같은 환경에서 똑같은 치료(획일적 평준화)만을 강요합니다.

그래놓고는 이곳이 모든 환자가 행복한 '행복병원'이라고 자화자찬합니다. 환자의 행복을 최우선으로 한다면서, 정작 병을 낫게 하기 위해 필요한 쓴 약(어려운 학습 과정)을 먹이는 것조차 꺼립니다.

운동(도전적인 과제)을 하면 다칠 수 있으니 산책조차 하지 말고 병실 안에 누워만 있으라고 하고, 주사(피드백)를 맞으면 따끔하고 물리치료(힘든 훈련)를 하면 뻐근하니 그저 편히 쉬라고만 합니다. 근본적인 치료인 수술(교육 시스템 혁신)은 꿈도 꾸지 못합니다.

그런데 이 병원 환자들은 12년만 있으면 무조건 퇴원해야 합니다. 법이 그렇습니다. 병원 밖 현실 세계에서 일할 체력도, 몸 상태도 아니지만, 이들은 갑자기 퇴원하여 하루 종일 힘든 일을 하도록 내몰립니다.

당연히 이들은 견디지 못하고 회사를 그만두거나 '못하겠다'고 호소합니다. 그러면 어른들이 혀를 차며 "MZ 세대니 뭐니, 요새 어린 것들은 정신상태가 글러먹었어."라며 조롱과 비난을 쏟아냅니다.

환자들은 당연히 억울합니다. 퇴원 후에 생존하기 위해 필요한 실력과 역량을 병원에서 기르지 못했으니까요. 이 병원은 환자들이 퇴원해서 뭘 하고 싶은지, 무엇을 잘하는지, 어떤 사람인지 탐색해 볼 기회조차 주지 않았습니다.

그저 "아무 생각 말고 시키는 대로 문제 풀이 기계가 되면, 좋은 직장에 들어가 편하게 살 수 있다."고 약속했을 뿐입니다. 사실 부모님들도 그렇게 믿었고요. 하지만 청년들이 마주한 현실은 그 약속과는 정반대였습니다.

그리고 이제는 병원에서 유일하게 연마한 능력인 문제 풀이 능력마저 완전히 무력화시키는 인공지능(AI)까지 등장했습니다. 환자들은 "어차피 200만 원 벌어봤자 미래도 없으니, 그냥 아무것도 하지 않으련다."라며 방구석에 틀어박히고 있습니다.

아무리 그래도 학생을 환자에 비유하냐고 하실지도 모르겠네요. 하지만 불행히도 경남교육과 병원은 적지 않은 공통점을 갖고 있습니다.

환자(학생)들은 주위의 보살핌이 필요하고, 언젠가는 반드시 졸업(퇴원)해야 한다는 점 등이 바로 그것입니다.

미증유의 변화가 시작되었습니다

이처럼 전국 최하위 수준의 학력, 도 단위에서 가장 심각한 인재 유출, 도전과 성장을 잃어버린 '행복교육'의 역설, 그리고 공교육의 신뢰가 무너져 사교육에 의존하게 되는 악순환 등, 경남교육은 총체적 위기에 빠져 있습니다.

물론 지난 10여 년간 뜻있고 유능한 경남의 교육자들이 이러한 문제들을 해결하기 위해 노력했습니다. 하지만 학생, 학부모, 교사 모두가 불만족스러운 구조 속에서 근본적인 변화를 끌어내기엔 역부족이었습니다. 그 결과 교육 현장에는 깊은 무력감과 패배주의가 자리 잡았습니다.

그런데 2020년대 중반인 지금, 이 모든 문제를 뛰어넘는 근본적인 변화가 일어나고 있습니다. 교육뿐만 아니라 사회 시스템 자체가 격변하고 있기에, "판이 뒤집히고 있다!"고 해도 조금도 과언이 아닌 상황입니다. 우리는 지금 인류 역사에 한 번도 없었던 수준의 거대한 변화의 초입에 서 있을지도 모릅니다.

제가 이렇게까지 말씀드리는 이유는 여러 가지가 있지만, 가장 중요하고 시급한 이유는 바로 인공지능(AI) 혁명입니다.

AI 혁명과 한국식 성공 공식의 종말

눈앞에 다가온 AI 혁명

생명체의 진화 과정은 본질적으로 '수렴'의 과정입니다. 수많은 돌연 변이들 중에서 환경에 가장 적합한 개체만이 살아남고, 나머지는 가차 없이 도태되었습니다. 이러한 과정이 수억 년 동안 반복되며 가장 적합한(fittest) 유전자를 가진 개체들이 지금의 지구를 채우게 되었습니다.

그런데 지금으로부터 약 600만 년 전, 아프리카 동부에 살던 초기 인류는 이 거대한 흐름에서 벗어나 다른 방식으로 발전하기 시작했습니다. 환경에 자신을 적응시키는 것이 아니라 자신이 원하는 대로 세계를 '조작'하기 시작한 것입니다. 강력한 자아가 먼저 형성되었기에 이런 발상이 가능했는지, 혹은 이 조작의 과정에서 자아가 생겨났는지는 명확하지 않습니다. 분명한 것은 인간이 도구를 만들어 사용하기 시작했다는 점입니다.

'호모 파베르(Homo Faber)', 즉 '도구적 존재'가 된 인류는 이 도구를 매개로 자신의 능력을 계속해서 외부로 확장해 왔습니다. 바퀴와 말은 인간의 이동 거리를 확장했고, 문자와 숫자는 두뇌의 한계를 확장해 주었습니다. 인쇄술은 지식의 확산을, 증기기관으로 시작된 산업혁명은 노동력을 폭발적으로 확장했습니다. 현대의 고층 빌딩, 인터넷, 스마트폰 역시 인간의 능력을 확장해주는 도구입니다.

AI: 신체를 넘어 정신의 확장으로

이와 같이 인류의 역사는 곧 도구를 통해 개인의 힘이 강화되는 과정이었습니다. 일론 머스크의 말대로, 우리는 이미 기계와 공진화(co-evolution)해 왔습니다.

그런데 지금까지와는 근본적으로 다른 확장이 시작되었습니다. 과거의 도구가 인간의 신체 능력이나 기억력을 확장시킨 것과 달리, 이제는 '지능'과 '지성' 그 자체가 확장되고 있습니다. 바로 인간의 '정신적인 생산 능력'까지 확장하는 AI, 즉 인공지능 혁명입니다.

1950년대부터 개념이 정립되고 개발된 인공지능은 2010년대 초, 인공신경망(Deep Learning)의 부활과 함께 급격히 발전하기 시작했습니다. 그러다 2017년, 구글 연구진이 발표한 "Attention Is All You Need"라는 기념비적인 논문을 통해 모든 것이 바뀌었습니다. 이 논문에서 제시된 '트랜스포머(Transformer)' 알고리즘을 기반으로 하는 대형 언어 모델(LLM)이 등장하면서 인공지능의 성능이 비약적으로 발전했습니다.

이제 AI는 언어의 영역을 넘어 세계 자체를 이해하고 모델링하는 '대형 세계 모델(LWM, Large World Model)'로 진화하고 있습니다. 동시에 '피지컬 AI(Physical AI)'라는 이름으로 현실 세계의 로봇과 결합하고 있습니다. 우리는 흔히 로봇이라고 하면 사람을 닮은 휴머노이드만을 생각하지만, AI가 탑재된 자동차나 로봇 청소기 역시 피지컬 AI의 일종입니다.

테슬라가 자사의 자율주행 택시 서비스명을 '로보택시(RoboTaxi)'라고 명명하고, 수많은 가정이 '로봇 청소기'를 사용하는 것은 AI가 이미 우리의 물리적 세계로 들어왔음을 보여주는 명확한 증거입니다.

진짜 혁명은 시작도 하지 않았다

바퀴와 수레, 가축의 활용, 농경의 시작, 그리고 자동차, 비행기, 인터넷 등은 등장할 때마다 기존 사회 구조를 근본적으로 뒤흔들었습니다. 예를 들어 에어컨과 엘리베이터가 없었다면 지금과 같은 대도시는 등장하기 어려웠을 것입니다. 또한 SNS와 금융, 교육 서비스를 탑재한 인터넷과 스마트폰은 불과 한 세대 전에는 상상도 할 수 없었던 방식으로 개인의 삶과 사회 전체를 변화시켰습니다.

그런데 기존의 그 어떤 변화도 인공지능(AI)이 만들어낼 변화만큼 거대하지는 않을 것입니다. 우리는 인공지능 혁명이 이제 막 시작되었다는 사실을 인지해야 합니다.

지금 이 순간에도 미국 테크 업계 등을 중심으로 대량 해고와 산업 체제 개편이 일어나고 있습니다. 대학의 구조조정과 국가 안보, 금융 시스템, 생명공학 등 사회 전반에서 엄청난 변화가 동시다발적으로 발생하고 있습니다.

하지만 이것은 서막에 불과합니다. 현재 전 세계적으로 수십, 수백억 달러를 들여 건설 중인 거대한 AI 데이터센터들이 완공되어 본격적으로 가동될 몇 년 뒤에는, 지금과는 비교할 수 없을 정도로 큰 변화가 우리를 기다리고 있을 것입니다.

아직 인간 뇌 뉴런 시냅스의 10분의 1 수준인 100조 개의 파라미터를 가진 인공신경망이 몇 년 내로 인간과 비슷한 1천 조 개의 파라미터를 갖게 된다면, 그때는 대체 어떤 변화가 발생할지 지금으로서는 그 누구도 예상조차 하지 못하고 있습니다.

정답 찾기 능력의 가치가 폭락하다

AI가 모든 정답을 제공하는 시대에는 무엇을 배워야 하고, 왜 배워야 하는지 묻는 것부터 시작해야 합니다. AI가 잘하는 일을 잘하게 만들려고 12년 이상 피땀 흘려 노력하게 만드는 교육은 자동차와 달리기 시합을 하는 것만큼이나 무의미합니다. 〈제3의 물결〉로 유명한 미래학자 앨빈 토플러는 이렇게 말했습니다.

> "한국에서 가장 이해하기 어려운 것은 교육이 정반대로 가고 있다는 점이다. 한국 학생들은 하루 10시간 이상을 학교와 학원에서 자신들이 살아갈 미래에는 필요하지도 않을 지식과, 존재하지도 않을 직업을 위해 시간을 허비하고 있다.
>
> 더 나쁜 것은 국가 발전의 가장 큰 장애 요인인 평등화·획일화 교육을 하고 있다는 사실이다. 차기 한국의 대통령은 경제나 국가안보보다 오히려 교육개혁에 힘써야 할 것이다. 한국의 미래는 교육에 달려 있기 때문이다."

앨빈 토플러가 이 말을 한 것은 20여 년 전인 2007년이었습니다. 하지만 그때와 비교해서 얼마나 좋아졌는지 자신있게 대답할 수 있는 사람이 몇이나 될까요?

그의 말에서 가장 중요한 부분은 "미래에는 필요하지도 않을 지식과 존재하지도 않을 직업을 위해 시간을 허비하고 있다."가 아닐까요? 2007년에서 2026년까지의 20년간 일어난 변화보다, 2026년에서 2045년까지의 20년 동안 발생할 변화가 훨씬 클 테니까요.

2007년에는 누구나 2026년의 모습을 예상할 수 있었습니다. 큰 틀에서 보면 크게 변한 게 없기도 하고요. 하지만 2026년을 코앞에 둔 지금, 20년 뒤의 세상을 자신있게 예측하는 미래학자는 아무도 없습니다. 2045년은 고사하고 2035년, 아니 2030년이 어떻게 되어 있을지조차 깜깜합니다. 말 그대로 암중모색(暗中摸索)이지요. 모든 미래학자들이 동의하는 단 한 가지는 초(超) 불확실성의 시대라는 것뿐입니다.

이런 상황에서도 대한민국 학생들은 20세기 산업화시대 방식으로 영어 단어를 외우고 수학 공식을 암기하고 있습니다. 학부모들은 자신들이 사회에 나왔던 20년 전을 기준으로 직업이나 전공을 강요(?)하고요. 이런 부분을 생각할 때마다 참으로 답답하고 걱정스럽습니다.

유행을 좇는 교육은 이미 늦었습니다

이처럼 '정해진 성공 공식'을 좇는 것은 너무나 위험합니다. 유행을 좇는 교육은 언제나 그 유행이 끝날 때쯤 정점에 달하기 때문입니다.

한때 최고 인기 직종이었던 공무원의 인기는 확연히 식었습니다. 불과 몇 년 전, '네카라쿠배'로 상징되던 개발자 붐은 고용 한파로 바뀌었고, 명문대 컴퓨터공학과 학생들조차 "우리는 고점(高點)에 물렸다."고 한탄하고 있습니다. 최근 세일즈포스(Salesforce) 같은 글로벌 빅테크 기업이 신입을 한 명도 뽑지 않겠다고 선언한 것은 충격적입니다. 하지만 AI로 인한 고용한파는 미국만의 문제도 아니고 IT 업계만의 문제도 아닙니다.

의사 같은 전문직은 괜찮지 않냐고요? 하지만 로스쿨 도입 후 법조인 공급이 늘어나며 극심한 경쟁과 부익부 빈익빈 현상이 발생했음을 생각해 보세요. 의사 역시 10년 뒤를 장담할 수 없습니다. 인구 구조가 급격히 변하고 있고 AI가 가장 위력적인 분야 중 하나가 바로 의료와 생명공학이기 때문입니다. 엔비디아의 CEO 젠슨 황은 "내가 지금 사회초년생이라면 생명공학에 투신할 것"이라고 말했고, 테슬라의 CEO 일론 머스크는 자사의 휴머노이드 로봇 옵티머스가 "최고의 인간 외과의사보다 더 나아질 것(Optimus will ultimately be better than the best human surgeon.)"이라고 말했습니다. 옵티머스는 특정 뇌수술 영역에서 이미 인간 의사보다 높은 정밀도를 보여줍니다. 환자들이 인간 의사보다 로봇 의사를 더 선호하는 세상은 생각보다 가까이 있을지도 모릅니다.

AI 시대의 진정한 힘: 끝까지 계속하는 끈기와 열정

그렇다면 AI 시대에 부모와 학생은 무엇을 준비해야 할까요? 해답은 '유행'이 아닌 '본질'에 있습니다. AI 시대에 인간이 AI와 경쟁할 수 없는 '정답 찾기'에 매달릴 것이 아니라, 인간 고유의 영역을 찾아야 합니다.

그것은 바로 진정으로 좋아하는 일을 찾아 10년, 20년간 꾸준히 파고드는 근성, 즉 '그릿(Grit)'입니다. 5장에서 자세히 다루겠지만 얕은 보상이 아닌 배움 그 자체의 깊은 기쁨과 '몰입'을 아는 것이 중요합니다. 그렇게 쌓인 깊이 있는 지식과 통찰력, 경험과 인맥은 적어도 오랫동안 AI가 대체하기 힘든 고유한 가치가 될 것입니다.

최근 초등학교 6학년 때부터 게임을 만들기 시작해서 4년 동안 70여

개의 게임을 만들었다는 학생의 이야기를 보았습니다. 이 학생의 사례
는 우리 교육에 큰 울림을 줍니다.

만약 이 학생이 '입시 스펙'을 위해 억지로 게임을 만들어야 했다면
어땠을까요? 매일 밤잠을 줄여가며 게임 제작에 몰입하기는커녕 한두
시간만 해도 큰 스트레스를 받았을 겁니다. 결과물도 제대로 나오지
않았을 테고요. 자신이 좋아하는 분야를 스스로 선택해서 몰입했기에
지치지 않고 계속할 수 있었던 것입니다.

이것이 바로 2부에서 말씀드릴 '스스로 질문하는 힘'이자 '성장'의 본
질입니다.

고용 없는 성장,
인간 없는 혁신

AI 에이전트 시대의 일자리 변화

세계경제포럼(WEF)의 '미래 일자리 보고서 2023'에 따르면 2030년까지 AI와 디지털 혁명이 일자리의 약 40%를 변화시킬 전망입니다. 이 보고서는 사람 중심 일자리는 47%에서 33%로 줄어들고, AI나 로봇이 처리하는 일은 22%에서 34%로 증가할 것으로 예상합니다.

변화의 핵심은 일자리의 소멸 방식에 있습니다. 사라지는 일자리의 80%는 자동화(automation)로 인해 발생하며, 반복적인 업무가 AI로 대체된다고 합니다. 예를 들어 키오스크나 자율주행 자동차, 휴머노이드 로봇처럼 과거 인간이 담당하던 영역이 기술로 넘어가고 있습니다.

나머지 20%는 인간 능력의 증강(augmentation) 때문에 사라질 것으로 예상됩니다. 즉 인간의 생산성이 높아져서 고용이 줄어드는 것입니다. 열 명이 하던 사무 업무를 세 명이 하게 되면 당연히 일자리가 감소하겠죠? 이는 이미 전 세계에서 벌어지고 있는 일입니다. 제롬 파월 연준 의장은 "(AI로 인해) 새로운 일자리 창출이 거의 0에 가깝다. (Job creation is pretty close to zero.)"라고 말했습니다.

산업별로 보면 IT와 금융, 제조 분야가 크게 변할 전망입니다. (약 80%) 반면 의료나 헬스케어는 사람 중심 대면 업무가 많아 상대적으로 적을 것으로 예상됩니다(약 54%). 제조업의 변화가 클 것이라고 말씀드렸지만 회사 규모에 따라 천차만별일 수 있습니다. 현대자동차처럼 휴머노이드 로봇을 도입하는 거대 기업들과 직원이 열 명도 안 되는 기업은 당연히 다르겠지요?

업계와 무관하게 공통적인 점은 지식노동의 가치가 하락한다는 것입니다. 교육은 이러한 변화에 적응할 새로운 인재상을 준비해야 합니다.

컴퓨터 프로그래머와 배관공

인류 역사를 돌아보면 산업혁명과 같은 거대한 기술적 변곡점마다 교육 시스템이 근본적으로 변화해 왔습니다. 과거 하버드대학이 고전 중심 교육에서 산업계와 연결하며 혁신하고, MIT가 산업혁명의 흐름을 타며 성장했듯이, 교육은 세상의 흐름을 타야 합니다.

교육 개혁은 전체의 틀(숲)을 먼저 파악한 후 세부적인 맥락(나무)을 이해하는 방식으로 접근해야 합니다. AI 시대의 변화는 위기이자 교육 개혁을 위한 절호의 기회이며, 골든타임을 선점하여 미래 교육의 새로운 판을 함께 열어가야 합니다.

이제는 모르는 사람이 없는 엔비디아의 CEO 젠슨 황(Jensen Huang)은 최근 인터뷰에서 흥미로운 질문을 받았습니다. "앞으로 어떤 직업이 돈을 가장 많이 벌게 될까요?" 그의 대답은 '배관공과 전기 기사'였습니다. 심지어 제일 먼저 도태될 직업으로 컴퓨터 프로그래머를 꼽았습니다. AI 혁명의 본질을 꿰뚫는 통찰입니다.

애매한 실력의 개발자들이 AI 코딩 자동화로 인해 실시간으로 해고되는 반면, 고도의 AI를 구동하기 위한 거대한 데이터 센터를 건설하고 유지보수할 숙련된 건설 노동자(블루칼라)의 몸값이 폭등하고 있기 때문입니다.

실제로 미국에서는 숙련된 배관공의 연봉이 2억 원을 넘는데도 불구하고 인력난을 겪고 있을 정도로 전체적인 숙련 기술직의 대우가 웬만한 사무직보다 낫습니다. 그래서 대학에 진학하지 않고 일찍부터 기술을 배우려는 분위기가 확산되고 있습니다.

이는 과거 고성장 시대에 명문대 입학이 보장했던 '명문대-화이트칼라' 성공 공식이 AI 혁명 앞에서 근본부터 무너지고 있음을 시사합니다. '미래에 필요하지도 않을 지식과 존재하지도 않을 직업을 위해 시간을 허비하게 만드는 교육'을 멈춰야 한다는 경고이기도 합니다.

한국식 성공 공식의 붕괴와 안정적인 일자리의 종말

세상은 빠르게 변하고 있습니다. 대기업이나 공무원이라는 성공의 길은 더 이상 안전하지 않습니다. 명문대를 나와 대기업에 입사해도 20년을 채우기 힘들고, 신입사원 채용은 줄어드는 추세입니다.

이 같은 '전통적인 성공 공식의 붕괴'는 한국만의 문제가 아닙니다. 세계 최고의 명문대로 불리는 하버드 졸업생조차 졸업 후 1년 넘게 직장을 구하지 못하는 현상이 나타나고 있습니다. 하버드 졸업생의 23%가 졸업 3개월 후까지 직장을 구하지 못했다는 통계는 '명문대 졸업장'이라는 성공 사다리가 뿌리부터 흔들리고 있음을 보여줍니다.

물론 이러한 현상은 단순히 'AI에 의한 일자리 소멸' 때문은 아닙니다. 학력 인플레이션으로 인한 화이트칼라 노동자의 과잉 공급, 지원자 추적 시스템(ATS, Applicant Tracking System)의 도입으로 인한 채용 과정의 비인간적 자동화 등의 복잡한 문제가 얽혀 있습니다. '취업하기 위해서는 경력이 필요한데, 취업을 할 수 없으니 경력을 쌓을 수 없는' 모순적인 상황도 문제입니다.

중요한 것은 한국 사회가 맹신해 온 성공 공식, 즉 명문대를 나와서 좋은 기업에 취업하면 된다는 '정답'이 점점 통하지 않고 있다는 점입니다. 불과 몇 년 전에 유행했던 '사오정(45세 정년퇴직)', '오륙도(56세까지 회사 다니면 도둑)'이라는 말조차 옛말이 되어버렸습니다. 이제는 2030 직원들조차 희망퇴직이나 대량해고의 대상이 되고 있기 때문입니다.

하버드 졸업생들조차 직장을 찾지 못해 방황하는 작금의 현실은, 교육이 왜 근본적으로 변해야 하는지를 웅변하고 있습니다.

새로운 시대, 새로운 직업, 새로운 고용

기업들은 신입사원 채용을 최소화하고 AI 리터러시를 갖춘 경력자 위주로 채용하고 있습니다. 고용 없는 성장, 인간 없는 혁신이 실제로 활발하게 일어나고 있는 것입니다.

고(故) 이건희 회장은 "한 사람의 천재가 10만 명 몫을 한다."고 말한 적 있습니다. 하지만 이제는 천재가 아닌 보통 사람도 10만 명분의 일을 할 수 있습니다. 10만 명까지는 어렵더라도 열 명, 백 명은 충분히 대체할 수 있는 시대가 눈앞에 와 있습니다.

미국의 AI 이미지 서비스 미드저니(Midjourney)는 외부 투자 없이 약 40명의 직원으로 연간 2억 달러(약 2,600억 원) 이상의 매출을 올리고 있습니다. AI 음성 합성 기업인 일레븐랩스(ElevenLabs) 역시 약 40명의 팀으로 11억 달러(약 1조 4천억 원)의 기업 가치를 인정받았으며, 프랑스 파리에서 시작한 미스트랄 AI(Mistral AI)는 불과 30여 명의 인력으로 창업 1년도 안 되어 수십억 달러의 가치를 평가받았습니다. 검색 엔진 스타트업인 퍼플렉시티 AI(Perplexity AI) 또한 40명 미만의 직원으로 10억 달러(약 1조 3천억 원)의 유니콘 기업이 되었습니다.

이런 회사들이 특이한 경우 아니냐고요? 그럴지도 모르죠. 하지만 AI의 등장 이후 기업이 일하는 방식과 직원을 바라보는 관점 자체가 근본적으로 바뀌고 있다는 사실을 간과해선 안 됩니다. 핵심은 "AI보다 창의적이거나, 자신만의 유니크한 능력이 있거나, AI를 활용해서 높은 생산성이나 산출물을 내놓지 못하는 직원은 더 이상 필요 없다."는 것입니다.

이미 수많은 글로벌 기업이 AI 도입을 이유로 대규모 인력 감축을 단행하고 있습니다. 120만 명을 고용했던 아마존은 물류센터 자동화 로봇을 도입하여 60만 명 이상의 인력을 대체할 계획을 추진 중입니다.

스웨덴의 핀테크 기업 클라르나(Klarna)는 AI 챗봇 하나가 700명의 고객센터 직원의 업무를 수행한다고 밝혔으며, 교육공학 기업 체그(Chegg)는 챗GPT로 인해 학생들이 자사 서비스를 이탈하자 직원의 20% 이상을 해고했습니다.

언어 학습 앱 듀오링고(Duolingo) 역시 콘텐츠 생성에 AI를 활용하기 시작하며 계약직 번역가 10%를 해고했습니다. 심지어 마이크로소프트(MS)조차 AI 전략에 집중하며 수만 명의 직원을 감축하는 등, 카피라이터, 광고업계, 고객지원, IT 등 지식 노동 분야 전반에서 AI에 의한 '일자리 소멸'이 현실화되고 있습니다.

이러한 현실이 말해주는 것은 단순명료합니다.

"우리가 알던 세상이 끝나고 새로운 세상이 시작되고 있다. 따라서 지금 학교에 있는 미래 세대가 살아갈 세상은 기성세대가 살았던 세상과 완전히 다를 것이다."

새로운 인재상과 생존의 조건

저성장 사회와 기술혁명의 시작

과거 고성장 시대에는 '노력하면 성공한다'는 믿음이 있었습니다. 하지만 지금의 청년 세대는 '부모보다 가난한 첫 번째 세대'가 될 가능성이 큽니다. 이처럼 저성장 시대에 접어들면서 미래의 목표 달성이 불확실해지고, 희망을 찾기가 더욱 힘들어지고 있습니다.

한국 사람들은 추구하는 가치가 다양하지 못하고 막연히 "좋은 직장에 들어가서 돈을 많이 벌면 행복하겠지."라고 생각하는 경우가 많습니다. 돈이 거의 유일무이한 최고의 가치라는 뜻이죠. 게다가 남들과 비교하고 서열을 따지는 문화도 강합니다.

이런 분위기에서는 나만의 행복과 가치를 추구하기가 쉽지 않습니다. 하지만 부모님이나 다른 사람들의 눈에 좋아 보이는 삶을 사는 것은 내 인생이 아니라 남의 인생을 대신 사는 것과 다를 바 없습니다. 호스피스 전문가들에 따르면 사람이 죽을 때 가장 많이 하는 후회가 바로 이런 후회라고 합니다.

상황이 이렇다 보니 많은 이들이 삶의 무의미함과 공허함을 느끼며 살고 있습니다. 그 공허함을 달래기 위해 더 좋은 차와 더 좋은 집, 명품이라는 갑옷을 두르지만 그럴수록 더더욱 공허해지는 악순환에 빠지게 되지요. 그 결과 정신병원은 문전성시를 이루고 있으며, 자살률은 치솟고 출생률은 바닥을 기고 있습니다. 저는 120만 명의 청년들이 '아무것도 안 하고 쉬었음' 상태에 있는 것도 이 때문이라고 생각합니다.

그런데 이제는 세상의 판 자체가 달라지고 있습니다. AI(인공지능), 메타버스와 디지털 트윈, 로봇과 사물인터넷(IoT)을 비롯한 초연결사회의 대두, 생명과학 혁명, 에너지 혁명, 양자혁명 등까지 한꺼번에 폭발적으로 세상을 바꾸기 시작한 것입니다.

아직은 실감이 안 나실 수도 있습니다. 하지만 앞에서 말씀드렸듯이 기술혁명은 본격적으로 시작되지도 않았습니다. 빠르면 3~5년, 길어야 10년 내로 사회 전체가 상전벽해라 할 만큼 바뀌게 될 것입니다.

미국과 중국은 그야말로 국가의 사활을 걸고 달리는 중입니다. 겉으로는 메타, 구글, 테슬라, 알리바바, 화웨이 등의 빅테크 간의 경쟁으로 보이지만 실제 주체는 미국과 중국 정부입니다. 지금부터 10년 동안 벌어질 경쟁에서 승리하는 국가가 미래의 주인이 될 테니까요.

새로운 인재상: CEO 마인드와 AI 활용 능력

미래 교육의 목표는 AI를 도구로 활용하여 창의성을 확장하고, 복잡한 문제를 해결하며, 새로운 가치를 창출할 수 있는 인재, 즉 AI-Proof 인재를 양성하는 것이어야 합니다. AI 시대에 필요한 것은 단순한 기술 습득이 아니라 '의도'를 가지고 문제를 인식하고 해결하는 인간 고유의 지혜와 통찰력입니다. AI 자체는 의지나 의도가 없기 때문입니다. AI의 빈 프롬프트 창에 명확한 지시를 내릴 수 있는, 즉 자기 취향과 주관이 뚜렷한 인재를 길러야 합니다.

인간 고유의 역량을 강화하라

AI와 협력하여 인간 고유의 공감 능력, 윤리적 판단, 창의적 사고를 발휘하게 하는 교육이 필요합니다. 정서, 인성, 사회성 교육은 AI 시대를 살아가기 위해 갈수록 중요해지고 있습니다. 또한 한국 학생들이 부족한 커뮤니케이션, 팀워크, 협력의 역량을 키워야 합니다. 창의력은 기존 지식을 새로운 상황에 맞게 재편집하여 문제를 해결하는 것이므로, 비판적 사고, 창의력 개발, 토론 교육이 중요합니다.

이제는 조직이나 개인의 문제를 스스로 발견하고, 질문하여 문제를 정의하며, 해결책을 찾아 일을 스스로 정의하고 만들어내야 합니다. 이는 과거 소수의 관리자만이 수행했던 역할이지만, 이제 모든 구성원이 CEO처럼 생각하고 행동해야 함을 의미합니다. 교육은 단순히 지시받은 일을 잘하는 신입사원을 만드는 것이 아니라 스스로 문제를 해결하고 가치를 창출하는 CEO를 만드는 교육, 즉 기업가 정신을 함양하는 교육이 되어야 합니다.

기존 인재상(산업사회)	AI시대 인재상(생존 조건)	차이점/이유
반복 노동/전문 지식	창의성/적응력	AI가 지식 대체, 인간 고유 가치 강조.
철밥통 전문직	평생 학습/회복탄력성	고용 불안정, 지속 성장 필요.
획일적 성공 공식	다양성/스토리텔링	개인 서사로 AI 대체 불가 영역 확보.

퇴화와 진화의 갈림길에 서다

AI 시대를 살아가는 인류는 두 종류로 나뉘게 될 것입니다. 첫째, '퇴화하는 인간(맡기는 자)'입니다. 이들은 AI에 맹목적으로 의존하여 스스로 생각하는 힘을 잃고, 오히려 능력이 퇴보하는 사람들입니다.

둘째, '진화하는 인간'입니다. 이들은 AI를 강력한 도구로 활용하여 자신의 역량과 생산성을 배가시키는 사람들입니다.

우리는 당연히 퇴화가 아닌 진화의 길로 들어서야 합니다. AI를 대하는 태도와 활용 능력에 따라 미래 사회의 주도권을 쥐는 계층이 달라질 수 있습니다. 심한 경우 AI에 의해 지배당하거나 기본적인 생활만 영위하는 계층으로 전락할 위험도 제기됩니다.

교육 개혁을 미루면 우리 아이들은 AI의 보조적인 역할에 머무를 수도 있습니다. 개인의 힘이 역사상 그 어느 때보다 커지겠지만, 이는 동시에 개인 능력의 편차가 극심해질 것임을 의미합니다.

퇴화할 것인가 진화할 것인가, 그것이 문제입니다.

(To devolve, or to evolve, that is the question.)

AI 시대, 무엇을 가르칠 것인가?

'앎'의 대전환: 지식 암기에서 가치 창조로

빌 게이츠는 2030년까지 3억 개의 일자리가 사라질 수 있다고 경고한 바 있습니다. 그는 "인간은 원래 일하기 위해 태어난 존재가 아니며, '직업(Job)'이란 생산성과 물자가 부족했던 시대가 만들어낸 현상일 뿐"이라고 진단했습니다. 과거에는 누군가는 농사를 지어야 했고 누군가는 트럭을 몰아야 했기에 일을 했다는 뜻입니다.

시장, 가격, 교육 같은 모든 사회 시스템은 바로 이 '직업'에 맞게 인간의 지능을 키우기 위해 설계되었습니다. 우리가 AI 혁명 이후의 미래를 상상하기 힘든 이유가 바로 여기에 있습니다.

만약 AI 혁명으로 생산성이 폭증하여 지금보다 풍요로운 세계가 오면 여가시간이 훨씬 늘어날 것입니다. 이러한 풍요 속에서 자란 세대는 자연스럽게 "나는 누구인가?", "삶의 목적은 무엇인가?"와 같은 근본적인 질문을 떠올리게 될 것입니다.

빌 게이츠는 자신이 "70여 년 동안 '부족한 세상'에서 살아왔다"고 말하며, "그러므로 내 머릿속을 '풍요로운 세계'에 맞춰 다시 프로그래밍해야 하는데 그것이 쉽지 않다"고 고백했습니다.

이처럼 인공지능(AI)과 디지털 혁명으로 사회가 근본적으로 재편되는 격변의 시대에 진입하면서, 기존 교육 시스템은 더 이상 학생들의 미래를 책임질 수 없게 되었습니다. 교육의 근본 목표였던 '지식'의 정의 자체가 변화하고 있기 때문입니다.

AI 시대, '지식'의 정의가 바뀌다

과거의 지식이 고정된 '자산'이었다면, 현재의 학습은 끊임없이 갱신되는 '능력'을 의미합니다. AI가 이미 단순 지식을 넘어 전문 영역까지 대체하고 있으므로, 기존의 주입식 암기 교육은 그 효용성을 완전히 잃었습니다.

기업과 산업 현장에서 '가짜 노동(pseudo-work)'이라는 개념이 화두가 되고 있듯이, 교육 현장에 만연한 '가짜 교육(pseudo-education)'의 문제를 직시해야 합니다. '가짜 노동'이 실제 가치 창출 없이 바쁘게 일하는 척하는 행태를 의미한다면, '가짜 교육'은 실질적인 배움과 성장 없이 시간과 자원만 소모하는 교육 활동을 의미합니다.

AI가 등장하기 전에도 문제풀이식 입시 교육이나 보여주기식 체험 활동 등의 가짜 교육이 존재했습니다. 하지만 AI가 지식 암기, 정보 검색, 심지어 문제 풀이까지 인간을 압도하기 시작하면서, 이러한 가짜 교육은 이제 그 의미를 완전히 상실했습니다. AI가 순식간에 해내는 일을 잘하기 위해 학생들이 10년 넘게 피땀 흘리는 것은 그야말로 시간 낭비이자 지적(知的) 학대에 가깝습니다.

그럼에도 불구하고 우리 교육 현장은 여전히 변화를 따라가지 못하고 있습니다. 여전히 많은 학교와 학부모는 AI 시대에 더 이상 유효하지 않은 지식과 기술을 가르치고 배우는 데 막대한 시간과 비용을 쏟아붓고 있습니다. 이것은 자동화된 공장에서 직원들이 손으로 부품을 조립하는 시늉만 하는 것과 같습니다. 이는 단순한 비효율을 넘어, 학생들이 미래에 필요한 진짜 역량(비판적 사고, 창의성, 협업 능력 등)을 기를 소중한 시간을 빼앗는 심각한 문제입니다. '가짜 교육'에 매몰되어 있는 한, 우리 아이들은 AI의 주인이 아닌 부속품으로 전락할 위험을 피할 수 없습니다.

과거의 '앎'이 정해진 지식의 암기와 소유였다면, 미래의 '앎'은 지식을 활용하고, 문제를 해결하며, 새로운 가치를 창조하는 것이 되어야 합니다. 물론 AI 시대에도 인류의 공통된 지식에 대한 폭넓은 이해는 반드시 필요합니다. 이는 생각의 연속성을 담보하는 기초 기반이 되기 때문입니다. 만약 이러한 지식 기반이 없다면, 사람이 AI를 활용하는 것이 아니라 AI를 위해 사람이 존재하는 '주객전도' 현상이 일어날 수 있습니다.

이것이 바로 교육의 본질을 복원해야 하는 이유입니다. 진정한 배움은 단순히 '아는 것(知)'에 그치는 것이 아니라 '이해하고 연결하는 힘'이며, 지식에서 의미로, 교과에서 삶으로, 그리고 개인에서 공동체로 확장될 때 비로소 완성됩니다.

AI가 모든 정답을 빠르고 정확하게 제공하는 시대에, 인간만이 할 수 있는 고유한 배움은 "무엇을 묻고, 왜 그것을 묻는가"라고 질문하는 능력을 키우는 데에 있습니다. 학생은 더 이상 교사의 가르침을 수동적으로 받는 존재가 아니라, 배움의 방향을 스스로 설계하는 '주체'로 성장해야 합니다. '질문하는 학습자'로의 근본적인 전환이 필요한 것입니다.

AI-Proof 인재: AI를 활용하는 인간 고유 역량

AI가 단순 지식을 넘어 전문 영역까지 대체하고 있는 지금, 인간이 AI와 '경쟁'하는 방식의 교육은 더 이상 지속 가능하지 않습니다. 이제 교육은 AI를 '활용'하는 인재를 양성하는 데 집중해야 합니다. 지금 인류는 "AI에 의해 대체될 것인가, 아니면 AI를 활용해서 슈퍼맨이 될 것인가?"라는 갈림길에 서 있습니다.

앞으로는 거의 모든 직종과 분야에서 AI 역량을 필수로 요구할 것입니다. 따라서 기존의 교육은 'AX(AI Transformation)' 교육으로 완전히 전환되어야 합니다. 우리나라는 과거 정보통신산업(IT)을 통해 국가적 도약을 이룬 경험이 있기에 AI 디지털 분야 역시 충분히 선도할 수 있습니다.

다가오는 AI 시대에 진정으로 필요한 것은 주체적이고 창의적으로 문제를 인식하고 해결책을 찾는 인간 고유의 지혜와 통찰력입니다. 따라서 AI와 협력하여 인간 고유의 공감 능력, 윤리적 판단, 창의적 사고를 발휘하는 교육이 필요합니다. 정서 교육, 인성 교육, 사회성 교육은 AI 시대를 살아가기 위해 갈수록 더 중요해지는 핵심 역량이 되고 있습니다.

이는 "내가 누구이고, 어떻게 살 때 보람과 몰입을 얻는가"를 아는 것과 연결됩니다. AI의 빈 프롬프트 창에 무엇을 입력할지 정확하게 아는 사람, 즉 자기 주관과 취향이 뚜렷한 사람으로 성장해야만 AI를 제대로 활용하여 새로운 가치를 창출할 수 있습니다.

더 나아가 한국 학생들이 상대적으로 부족하다고 평가받는 커뮤니
케이션 능력, 그리고 팀워크와 같은 협력 역량을 적극적으로 키워야
진정한 미래 인재로 성장할 수 있습니다.

낡은 판이 흔들리는 지금: 위기 속 기회

지금까지 경남교육이 처한 위기를 '가라앉는 배'에 비유하며 다각도로 진단했습니다. 하지만 AI와 디지털 혁명으로 인해 세상의 모든 낡은 질서가 근본적으로 해체되는 지금, 이 거대한 대전환은 경남교육에 절체절명의 위기인 동시에 모든 것을 뒤집을 수 있는 절호의 기회이기도 합니다.

특히 AI 혁명은 우리가 오랫동안 당연하게 여겼던 낡은 입시 공식과 견고한 대학 서열화 구조를 뿌리째 흔드는 강력한 외부 충격입니다. AI는 정답 찾기와 지식 암기를 무의미하게 만들고 있고, 그 결과 기존의 획일화된 성공 공식이 붕괴하고 있습니다. 이것은 '백약이 무효'였던 우리 교육의 고질적인 문제를 해결할 기회가 왔다는 것을 의미합니다.

왜 지금이 경남의 '골든타임'인가

이러한 상황은 특히 경남교육에 기회가 될 수 있습니다. 왜 하필 경남이냐고요? 역설적이게도 경남은 과거의 성공 방식에 가장 덜 매여 있기 때문입니다. 이미 기존 입시 체제 안에서 '가라앉는 배'가 되어버린 경남은, 이 낡은 판이 흔들리는 것을 두려워할 이유가 없습니다.

오히려 낡은 성공 공식에 집착하는 수도권을 뛰어넘어 미래 교육 모델을 선도할 수도 있습니다. 변화의 필요성을 가장 절실하게 느끼고 있기 때문입니다. 세상의 판이 바뀌는 지금이야말로 경남이 '교육의 추월차선'에 올라설 수 있는 절호의 순간입니다. 만약 우리가 이 거대한 변화의 흐름을 정확히 읽고 주도한다면, 경남교육의 위기를 기회로 바꿀 수 있습니다. "두려움을 용기로 바꿀 수만 있다면, 그 용기는 백배천배 큰 용기로 배가되어 나타날 것이다."라는 영화 〈명량〉의 대사처럼요.

학령인구 감소, 공교육의 난맥상, AI 혁명 등의 난제가 겹친 지금, 중앙 교육부의 지침을 기다리며 시간을 허비할 수는 없습니다. 교육감이 현장의 절박한 목소리를 바탕으로 문제 해결 방안을 주도적으로 마련하고 중앙정부의 지원을 끌어내야 합니다. 지엽적이고 근시안적인 개선으로는 침몰하는 경남교육을 구할 수 없습니다.

지금 필요한 것은 경남교육의 판, 즉 패러다임과 시스템, 운영체제(OS) 자체를 바꾸는 근본적인 혁신입니다.

'배움, 성장, 이야기'라는 새로운 항로를 제안하며

그렇다면 어떻게 이 위기를 기회로 만들고, 경남교육의 판을 바꿀 수 있을까요?

우선 경남을 전국에서 학생이 찾아오는 'AI 교육 특구'로 만들겠다는 담대한 비전이 필요합니다. 기업, 지자체, 교육청, 그리고 중앙정부가 함께하는 '4각 협력 체제'를 통해 지방 교육의 새로운 판을 열어, 경남을 대한민국 미래 교육의 선도자로 만들어야 합니다.

이 책의 2부에서는 그 구체적인 청사진을 제시하려 합니다. 제가 제안하는 새로운 항해의 이름은 바로 '배움과 성장, 이야기가 있는 경남교육'입니다. 경남교육이 절박한 위기에서 벗어나 다시 출발하기 위해서는 교육의 가장 근본적인 가치로 돌아가야 합니다.

'배움'은 학생이 AI 시대라는 안개 속에서 스스로 나침반을 읽는 힘입니다. '성장'은 정답이 아닌 답을 찾아가는 불편함을 기꺼이 통과하는 힘이며, 실패를 두려워하지 않고 교사와 학생의 가능성을 믿을 때 비로소 시작됩니다.

그리고 '이야기'는 이 모든 배움과 성장을 엮어내는 시간 그 자체입니다. 시간에는 두 가지 개념이 있습니다. 하나는 시계의 바늘처럼 단순히 흘러가며 측정되는 물리적인 시간, 즉 '크로노스(Chronos)'입니다. 다른 하나는 '결정적인 순간'이나 '가치 있는 경험'을 의미하는 질적인 시간, 즉 '카이로스(Kairos)'입니다.

'이야기'는 이 모든 배움과 성장을 엮어내는 카이로스의 시간입니다. 학생의 하루가, 교사의 수업이, 학교에서의 생활이 그저 흘러가 버리는 크로노스가 아니라 의미와 가치가 쌓이는 카이로스가 되어 하나의 서사로 쌓여야 합니다. 그때서야 비로소 교육이 삶의 일부가 될 수 있습니다.

이것이 바로 "배움과 성장, 이야기가 있는 경남교육"입니다.

이는 교육의 본질로 돌아가는 '혁신적 회귀'입니다. 초고성능 AI를 탑재한 로봇이 하늘을 붕붕 날아다녀도, 더 이상 노동할 필요가 없는 세상이 도래하여 모든 것이 바뀌더라도, 사람이 사람을 가르치고 배우는 〈교육〉은 계속될 테니까요. '사람은 배워야 사람이 된다'는 교육의 본질은 10년이 지나도, 100년이 지나도 변하지 않을 것입니다.

경남교육 골든타임의 조건: 다양성, 자율성, 공공성

경남교육은 지난 10여 년간의 획일적인 시스템과 정실 인사 등으로 인해 공교육의 주도권과 교육 공동체 간의 신뢰를 상실하고 무기력에 빠졌습니다. 이로 인해 학력 저하와 인재 유출이라는 지역 소멸 위기가 심화되어 '이도 저도 아닌' 총체적 시스템 위기를 겪고 있습니다. 공교육을 통해 학생과 교사가 함께 성장하고, 학부모와 지자체도 성장하는 것은 '꿈 같은 이야기'가 되어버렸습니다.

이러한 현실을 바로잡기 위해서는 우선 경남교육청이 바뀌어야 합니다. 경남교육을 총괄하는 교육청이 강력한 의지를 가지고 현 상황을 타개하는 것이 혁신의 첫걸음입니다.

이제는 시간이 없습니다. AI와 디지털 혁명의 초입에 들어선 지금이 바로 개혁을 위한 적기입니다. AI 시대의 도래는 경남교육의 쇠락을 멈추고 새로운 판을 세울 수 있는 '기회의 골든타임'입니다. 더 늦기 전에 경남교육의 패러다임과 시스템을 바꿔야 합니다.

어떻게 해야 할까요? 앞에서 말씀드렸듯이 배움과 성장, 그리고 이야기가 있는 교육으로 전환해야 합니다. 이것이 새로운 시대를 여는 교육의 본질이자 방법론이기 때문입니다.

그렇다면 '배움과 성장, 이야기'라는 새로운 항해의 나침반을 작동시킬 시스템은 무엇이어야 할까요?

저는 그 해답이 다양성과 자율성, 그리고 이 모든 것을 든든하게 뒷받침해줄 공공성에 있다고 생각합니다.

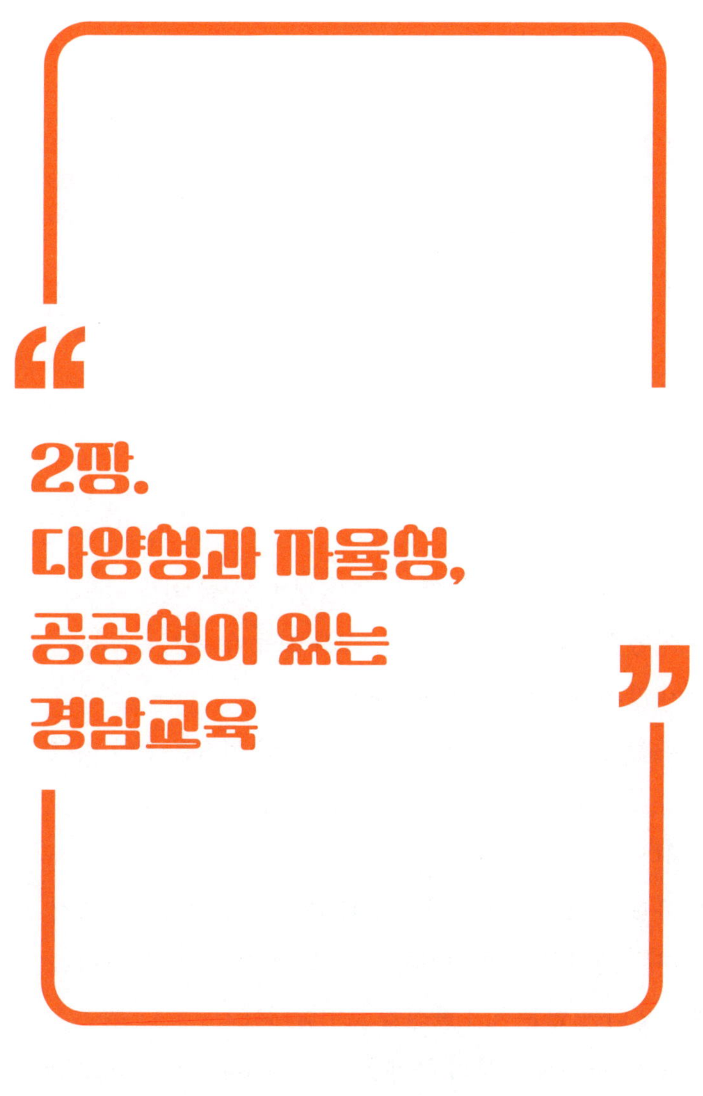

2장.
다양성과 자율성,
공공성이 있는
경남교육

다양성:
교육 수요자를 위한 맞춤형 교육

경남교육은 지난 10여 년간 학력 저하, 예산 낭비, 정실 인사 등으로 심각한 위기를 겪었습니다. 학생, 학부모, 교사 모두가 불만족스러운, '아무도 행복하지 않은 교육'이 되었습니다.

평준화라는 이름으로 학교를 획일화한 결과, 학업 성적은 전국 최하위권으로 떨어지고 학교 폭력과 자살률은 높아지는 '이도 저도 아닌' 상태가 되었습니다.

심각한 인재 유출은 경남 공교육이 학생과 학부모의 기대를 충족시키지 못하고 있다는 명백한 증거입니다. 이는 경남교육이 미래 역량을 키워주지 못하고 있다는 근본적인 불신을 보여줍니다.

이 위기는 단순히 교육계 내부의 문제를 넘어섭니다. 국가 주도 경제발전 시기의 획일성과 공급자 주도성이 여전히 현장의 자율성을 훼손하고 있습니다. 그 결과 경남교육은 획일적 시스템과 학력 저하라는 심각한 위기에 처했습니다.

학교가 성적 향상 주도권을 학원에 내주면서 공교육 신뢰가 무너졌습니다. 학업 성취도 평가를 기피하는 현실은, 공교육이 학생의 학습 결손 책임을 사실상 포기했음을 보여줍니다.

교육은 저출생과 지역 소멸, 인재 유출 같은 사회 난제를 해결하는 열쇠가 되어야 하지만, 지금은 그 역할을 못 하고 있습니다. 이 모든 문제의 뿌리에는 시대에 뒤떨어진 경직된 시스템이 있습니다.

따라서 무엇보다 다양성을 확보해야 합니다. 학생과 학부모의 다양한 요구를 공교육 시스템 안에서 맞춤형으로 충족시켜야 합니다.

다양하고 매력적인 학교 중 자신에게 맞는 학교, 꿈을 이뤄줄 학교, 역량을 키워줄 학교를 선택할 수 있어야 합니다.

수월성으로 교육의 기회를 확대하자

다양성 확보의 첫걸음은 수월성(秀越性) 교육을 복원하는 것에서 시작해야 합니다. 현재 경남의 학력 저하 문제는 매우 심각하여, 내신 1등급 중상위권 학생조차 대학 진학에 필요한 수능 최저 학력 기준을 맞추지 못하는 경우가 허다합니다.

이는 학생과 학부모의 다양한 수요를 공교육이 외면한 결과입니다. 이를 해결하기 위해 자율형 사립고(자사고), 자율형 공립고(자공고), 국제고, 영재고, 과학고 등 다양한 교육 모델을 적극적으로 도입하여 선택의 폭을 넓혀야 합니다. 이러한 학교들의 신설이 힘들다면 신청하는 학교들을 전환시켜주는 방법도 있습니다.

특히 현 교육감의 정책적 반대로 인해 경남에는 자사고가 단 한 곳도 없습니다. 부모들이 원하는 양질의 교육 기회를 제공하기 위해 국제고 전환이나 자사고 지정 등은 의지만 있다면 즉시 실행할 수 있는 카드입니다.

체육중학교 설립도 교육 다양성 확보의 방법이 될 수 있습니다. 체육중학교는 학업 중심의 획일적인 교육에서 벗어나, 예체능 분야의 잠재력을 가진 학생들에게 공교육 시스템 내에서 전문적이고 체계적인 성장 기회를 제공할 수 있으니까요.

그밖에도 온라인 교류와 국제 협력을 강화하여 학생들이 세계 무대에 자신 있게 나설 수 있게 해줘야 합니다. 이를 위해서는 외국어 역량 강화도 중요하지만 제도적 뒷받침이 더욱 중요합니다. 경남 학생들과 학부모들이 수도권이 아닌 전 세계로 나아갈 수 있도록 장·단기 해외 유학이나 연수를 장려하고 지원해야 합니다.

저는 한국국제교육원 원장을 역임하며 글로벌 마인드의 중요성을 항상 느껴 왔습니다. 인공지능 혁명과 초연결의 시대에는 전 세계를 무대로 전 세계 인재들과 경쟁해야 합니다. 이를 위해서는 백문이 불여일견임을 알아야 합니다. 실제로 가서 보고 느끼는 것보다 더 나은 글로벌 교육은 없으니까요.

남해 시골 마을의 소년이 국가의 교육정책을 기획하고 세계 무대에서 교육을 논하는 자리에 섰습니다. 네, 바로 저의 이야기입니다. 이제는 경남의 청년들을 위한 사다리가 되고 싶습니다. 경남의 아들딸들이 밟고 올라설 수 있는 기회의 사다리! 저는 이것이 인생 3막을 맞이한 저의 소명이라고 확신합니다.

경남의 청년들이 한 사람의 글로벌 리더로 성장할 수 있도록, AI 혁신교육과 글로벌 역량 교육을 지원하여 글로컬 경남교육을 실행해야 합니다.

직업계 고등학교 혁신: CEO형 인재 양성

직업계 고등학생들의 현장 실습과 인턴십이 실질적인 직업 경험이 되도록 커리큘럼을 현대화해야 합니다. 또한 기업의 사회적 기여를 이끌어내어 내실 있는 파트너십을 구축하는 것이 필수적입니다.

더 나아가 독일, 프랑스 등 선진 시스템을 벤치마킹하여 직업계 고등학교 교사의 전문성을 업그레이드하는 노력도 병행되어야 합니다.

이와 같은 표면적인 노력도 중요하지만 근본적인 시스템 혁신이 수반되어야 합니다. 지역의 산업 수요에 맞춘 학과(반도체, AI 로봇, 조선 등)를 확충하는 것을 넘어, 학생들을 '기업가 정신'을 갖춘 'CEO형 인재'로 육성하는 시스템으로 재탄생시켜야 합니다. 지금까지의 교육은 신입 사원을 만드는 교육이었으니까요.

앞에서 말씀드렸듯이 하버드대학 졸업생들조차 고용불안에 시달리고 있습니다. 취업하기도 어렵고 회사에서 버티기도 어려워지고 있지요. 이것은 일시적인 현상이 아니라 새로운 정상 상태, 즉 뉴 노멀(new normal)이 될 겁니다.

그렇다면 "미래를 예측하는 가장 좋은 방법은 미래를 창조하는 것이다."라는 말처럼, 직업과 직장을 스스로 만들어내는 것이 가장 현명한 전략이 될 수 있습니다. 따라서 직업계뿐만 아니라 일반계 고교 졸업자들과 대학 졸업자들을 CEO로서 육성할 수 있는 전문 교육 트랙을 마련해야 합니다.

플랫폼과 기술 발전으로 증강된 개인의 힘

각종 플랫폼(유튜브, 앱스토어, 스팀, 엣시 등), 사용하기 쉬워진 저작 도구(유니티 엔진, 각종 디자인 툴 등), 그리고 무엇보다도 강력한 인공지능(AI) 서비스들이 등장하고 있습니다. 따라서 이제는 만들고자 하는 의지와 아이디어만 있다면 기획부터 제작, 마케팅, 유통, 수익화까지 전 과정을 혼자서, 혹은 소수의 팀으로 감당할 수 있게 되었습니다. 심지어 그 무대는 처음부터 전 세계가 될 수 있습니다.

지금은 이것이 당연하게 여겨질지 모르지만, 불과 1~20년 전만 해도 전혀 그렇지 않았습니다. 개인이 무언가를 만들어 세상에 내놓으려면 값비싼 전문 장비가 필요했고, 복잡한 법적 규제와 유통망의 장벽을 넘어야 했으며, 해외 진출은 언감생심이었습니다.

하지만 이제는 달라졌습니다. 과거 전문가용 워크스테이션으로나 가능했던 작업물이 AI에 의해 순식간에 생성되고 있습니다. 최근에 화제가 되고 있는 AI 생성 영상들을 과거의 방식으로 만들었다면, 최소 수천만 원에서 수억 원이 들었을 것입니다.

이와 같이 기술 발전이 개인에게 부여하는 기회가 획기적으로 커지고 있습니다. 미국과 중국, 유럽 청년들은 이러한 기회를 적극적으로 활용하여 글로벌 시장을 목표로 자신만의 콘텐츠와 서비스를 만들고 있습니다. 그러나 우리 청년들은 어떻습니까? 아직도 대부분이 대기업, 의사, 공기업만을 바라보고 있지 않습니까?

하지만 앞으로는 '인기 직업'의 정의 자체가 바뀔 것입니다. 인공지능을 비롯한 4차 산업혁명이 본격화되면, 현재 최고의 직업으로 꼽히는 직업들이 오히려 기피 직종이 될 수도 있습니다. 사실 그 일들은 매우 힘들고 지겨운 측면이 있습니다. 판사처럼 엄청난 업무량에 시달리거나, 의사처럼 피를 봐야 하거나, 검사나 변호사처럼 범죄자를 상대해야 하니까요.

남들이 하기 싫어하는 일을 대신 해주고 대가를 받는 직업들은 점차 인기가 떨어질 가능성이 높습니다. 게다가 그런 일들은 대부분 정형화되어 있고 대량의 데이터를 다루기 때문에 AI가 잘하는 영역이기도 합니다.

물론 그 일 자체에서 보람을 느끼고 좋아하는 사람들은 기꺼이 그 길을 가겠지만, 단지 안정성과 사회적 지위만을 보고 직업을 선택하는 시대는 저물 것입니다.

학생 주도성을 위한 자율학교 및 대안학교 확대

교육의 다양성은 '단위 학교의 자율성'이 극대화될 때 실현됩니다. 모든 학교가 저마다의 특색을 가진 '자율학교'로서 운영될 수 있도록 교육과정의 유연성을 획기적으로 확대해야 합니다.

기존 교육과정에 적응하지 못하거나 다른 재능을 가진 아이들을 위한 학교 역시 절실합니다. 실제로 학교를 그만두고 대안학교로 가기 위해 경남을 떠나는 학생이 적지 않습니다. 경남 내에도 3:1 이상의 경쟁률을 보이는 대안학교들이 있습니다. 기존 교육에 만족하지 못하는 학생과 학부모의 수요가 그만큼 많다는 뜻입니다.

따라서 교육과정 편성이 자유로운 공립형 대안학교를 확대하여 비인가 대안학교로 빠지는 수요를 공교육 내에서 흡수해야 합니다.

경남은 현재 교육부 지원을 받는 '자율형 공립고(자공고)' 4곳을 지정·운영하고 있습니다. 또한 김해 금곡고등학교 등 공립형 대안학교 전환을 지원하는 노력을 해왔습니다. 김해 금곡고등학교는 매년 2~300건 이상의 입학 문의가 쇄도하고 있으며 입학 경쟁률도 치열하다고 합니다.

더 나아가 거창의 연극, 김해의 예술, 거제의 조선 산업 등과 연계된 공립형 대안학교를 만들어야 합니다. 특정 분야에 관심과 소질을 가진 학생들에게 창의적이고 자유로운 학습 환경을 제공하는 것입니다. 이러한 학교들이 확산되면 전국의 학생들이 경남의 학교로 전학 오는 것도 충분히 가능합니다.

유럽의 정치인들은 10대 중반부터 정치에 뜻을 둡니다. 그래서 20대 후반에 이미 10년 이상의 경력을 가진 정치인이 흔하다고 합니다. 정치 외에도 다양한 분야에서 일찍부터 뜻을 세우고 매진할 수 있도록 기회를 열어줍니다. 우리도 못할 이유가 없습니다.

이런 자율성을 바탕으로 학생이 스스로 배움의 주인이 되어 학습 경로를 직접 설계하게 해야 합니다. 그리고 '심층 프로젝트 기반 학습(Deep PBL)'을 통해 실제 세계의 복잡한 문제를 해결하는 경험을 제공해야 합니다.

이러한 학습 방식은 자연스럽게 교사 역할 변화로 이어집니다. 미래에는 교과 교사뿐만 아니라 학생의 학습을 설계하는 '학습 컨설턴트'나 현장 전문가인 '특별 전문 강사' 등의 다양한 교원들이 필요할 것입니다.

자율성:
교사에게 권한을, 학교에 활력을

교육청이 변해야 학교가 변합니다

경남의 많은 학교들이 자율성을 잃고 답답해하고 있습니다. 획일적인 시스템과 교육청의 과도한 통제 때문입니다. 국가 주도 경제발전의 그림자인 획일성과 공급자 주도성이 여전히 교육 현장의 자율성을 훼손하고 있는 것입니다.

특히 선생님들은 학교에 너무 자율성이 없고, 도(道) 교육청의 통제가 심해 학교가 더 안 움직인다고들 하십니다. 교육청 주도의 교육정책이 필요없다는 것은 아니지만 그것이 과해지면 학교의 자율성과 활력을 위축시켜 수동적인 문화를 만듭니다. 지방교육자치가 지역 특성에 맞는 다양한 교육을 실천하는 데 기여하는지에 대한 국민 인식도 높지 않은 것으로 나타났습니다. 교육청이 먼저 변해야 하는 이유가 여기에 있습니다.

행정화된 혁신: 보고서 속에 갇힌 자율성

혁신이 보고서의 언어로 번역되는 순간 혁신이 아니라 절차가 됩니다. 경남의 행복학교(혁신학교)가 처음 출발했을 때, 그곳에는 교사의 자발적인 수업 변화와 같은 열정과 실험이 있었습니다.

그러나 혁신이 제도에 포섭되자 혁신은 형식의 틀에 갇혔습니다. 행복학교는 지정과 평가, 사업계획과 성과지표로 구획되었고, 혁신은 더 이상 실험이 아니라 보고의 단위가 되었습니다. 학교의 혁신은 "연간 운영계획서 3부", "성과보고서 2부"라는 행정적 과정 속에서 관리되었습니다.

한 교장은 "행복학교를 운영하는 것보다 행복학교를 설명하는 데 더 많은 시간을 씁니다."라고 말합니다. 행정의 체계 속에서 혁신은 증명되어야 할 성과가 되었고, 결국 '혁신의 피로'라는 말이 교사들의 입에서 나오기 시작했습니다.

행정화된 혁신은 교사를 참여자가 아닌 집행자로 만듭니다. 이 과정에서 '현장의 자발성과 실험정신, 실패할 권리'라는 혁신의 본뜻이 사라졌습니다. 혁신이 행정이 되고 업무가 되면 그 혁신은 이미 끝난 것입니다. 혁신은 명사가 아니라 동사이기 때문입니다. 바람(風)이 움직임을 멈추는 순간 사라지는 것처럼요.

경남교육의 혁신이 다시 살아나려면 행정의 논리가 아닌 자율의 논리로 전환되어야 합니다. 혁신은 관리할 수 있는 사업이 아니라 현장이 스스로 만드는 문화입니다. 교육청은 통제의 구조를 줄이고 교사에게 실험의 자유와 실패의 권리를 돌려줘야 합니다. 진짜 혁신은 서류나 수치로 드러나지 않습니다. 교사의 질문이 바뀌고 학생의 사고가 깊어지는 등의 보이지 않는 변화로 나타납니다. 이러한 변화가 쌓여서 학교의 문화가 되고 학생의 인생이 됩니다.

무기력한 교장, 자기검열하는 교사

교육청에 권한이 집중되어 학교장과 교사의 고유 권한이 축소되자, 학교 현장이 무기력해지고 혁신의 동력이 사라지고 말았습니다. 지금은 모든 권한을 교육청이 다 가져가 버려서 학교장이 할 수 있는 것이 없습니다. 민주적 의사결정이라는 이름하에 교장이 근무평정이나 성과급에 관여하지 못하며, 학년 배정이나 부장 임명조차 교사들끼리 협의해서 하는 경우가 많습니다.

그 결과 교사들은 교장을 개혁의 동반자가 아니라 개혁의 대상으로 여기고 있습니다. 이런 생각을 갖고 있으니 어려움을 공유하거나 도움을 요청하지 않는 게 당연합니다.

그런데도 교육청은 교장을 비롯한 관리자들에게 청렴 강조, 갑질 예방 등의 교육에만 치중하여 오히려 신뢰를 잃게 만들고 있습니다. 어떨 때는 잠재적 범죄자 취급을 하는 게 아닌가 하는 자괴감마저 든다고 합니다.

경남의 혁신교육 체제에서 '혁신'은 행정 용어로 격하되어 문서와 보고서로 관리되고 있습니다. 그 결과 혁신의 주체는 서류가 되었고 현장의 자발성과 실험정신, 실패의 권리가 사라졌습니다.

학생 주도 학습 환경 조성

학생이 배움의 주인이 되어야 합니다. 이를 위해 학습 경로를 직접 설계할 수 있게 해야 합니다. 학교와 세상의 벽을 허물어서 지역사회 문제 해결, 인턴십 프로그램 등을 통해 의미 있는 학습 기회를 제공해야 합니다.

모든 학교가 저마다의 특색을 가진 '자율학교'로 운영될 수 있도록 교육과정의 유연성을 확대하고 행정 지원을 해야 합니다. 자율학교는 지자체를 통해 재정 지원도 받을 수 있습니다.

단위 학교에 과감한 자율성을 부여하여 교사의 사기를 살리고 혁신의 주체로 자리매김하게 해야 합니다. 그래야만 학생이 자신의 배움의 완전한 주인이 될 수 있습니다. 학교와 교사의 손발이 묶여 있는데 학생만 자기주도학습을 하라는 건 어불성설입니다.

AI가 정답을 제공하는 시대의 학생은 주체성과 자율성을 가져야 합니다. "(AI에게) 무엇을 묻고, 왜 그것을 묻는가"를 스스로 질문하는 학습 주체로 전환되어야 합니다. 심층 프로젝트 기반 학습(Deep PBL)을 통해 실제 세계의 복잡한 문제를 해결하며, 깊이 있는 지식 습득과 핵심 역량을 동시에 개발해야 합니다.

하지만 학교와 교사가 경직되어 있다면 아무리 교육 프로그램이 좋아도 제대로 실현될 수 없습니다. 말 그대로 '고목나무에 꽃이 피길 바라는' 격이니까요. 학생들이 겪는 마음 건강 문제, 학교 폭력, 안전 보호 요구 등도 학교와 교육청이 함께 해결해야 할 과제입니다.

자율성 부여의 필요성: 혁신의 주체로서 교사

교직의 위상 추락은 우수한 인재들이 교직을 기피하게 만들어 장기적으로 교육의 질을 하락시킵니다. 더 이상 교사들이 '오늘도 무사히'라고 기도하며 출근하게 내버려둘 순 없습니다. 교사가 즐거워야 학교가 즐겁고, 학교가 즐거워야 학생이 행복하니까요.

하지만 현실은 정반대입니다. 열정을 가진 많은 선생님들이 학교 현장에서 머뭇거리고 있으며, 목표와 방향을 잃고 힘겨워하고 있습니다. 그들에게 올바른 교육을 위한 선택과 결정, 힘과 용기를 북돋아 경남 교육에 생기를 불어넣어야 합니다. 교사에게 실험의 자유와 실패의 권리를 돌려줘야 합니다. 교육 정책은 학교를 움직이는 '명령'이 아니라, 돛을 세워주는 '바람'이 되어야 합니다.

이러한 뒷받침이 있어야 교사의 권위와 통제력이 살아날 수 있습니다. 구시대의 일방적인 통제력이 아니라 전문성과 신뢰에 기반한 민주적 리더십으로 재구성될 수 있는 것입니다.

자율성 보장을 위한 시스템 구축

단위 학교의 자율성을 극대화하고 행정적, 재정적 지원 시스템을 제공해야 합니다. 국가 주도의 획일적인 시스템에서 벗어나 교육의 운영 체제(OS) 자체를 혁신해야 합니다. 단위 학교의 교육과정 편성 자율성 확대는 가장 시급하고 중요한 과제 중 하나입니다.

모든 학교가 저마다의 특색을 가진 자율학교로 운영될 수 있도록 교육과정의 유연성을 대폭 확대해야 합니다. 단위 학교의 자율성을 보장하고 행정 및 재정 지원을 지속할 수 있는 시스템을 만들어야 합니다. 자율형 공립고 지정 시 지자체와 협업하여 재정 지원을 확대하고, 다양한 교육과정을 운영할 수 있게 지원하는 것이 그 예시입니다.

또한 교사의 전문성 향상을 위한 구체적인 지원 방안을 마련함으로써, 교사들이 지속적 학습자(Lifelong Learner)로 전환하도록 지원해야 합니다. 교사의 성장을 위한 연구 활동 지원도 확대해 나가야 합니다. 이를 위해 교사 성장 네트워크(PLC) 활성화, AI·데이터 리터러시 연수 체제화, 교사 연구학교 및 학습실험실(Teaching Lab) 운영, 교사 성장 포트폴리오 제도화 등의 생태적 구조를 마련해야 합니다.

교원양성체제 개편 및 교원 역량 제고는 향후 지속적으로 강조되어야 할 교육정책입니다. 교육개발원 조사에 따르면 교사에게 우선적으로 필요한 역량으로 학습 지도·제언(코칭) 역량과 생활 지도·제언 역량이 필요하다는 여론이 높습니다. 따라서 이에 대한 지원 체계가 필요합니다.

교육부도 기존의 '교원능력개발평가'를 폐지하고 교원의 '자기역량진단'을 핵심으로 하는 '교원역량개발지원 제도'로 개편하여 교원의 자기 주도적 역량 개발을 지원할 예정입니다.

'내 꿈이 이루어지는 학교, 구성원 모두가 주인이 되는 학교'가 되기 위해서는 학교의 자율성이 존중되고 보장되어야 합니다. 더 나아가 학생, 학부모, 교사, 그리고 지역사회가 함께 교육의 '4대 기둥'이 되어야 합니다. 교육 공동체 구성원 간의 신뢰 회복 없이는 어떠한 교육 정책도 성공할 수 없습니다.

학교 자치 활성화 역시 향후 지속적으로 강조되어야 할 교육 정책 중 하나입니다. 교사가 학생의 학습 경험 전체를 설계하고 조율하는 '러닝 디자이너'로서 성장하고, 교사의 수업권이 보장되어야 학생의 학습권도 보호됩니다.

믿음과 신뢰: 무너진 관계의 회복

교육 현장 신뢰 붕괴의 현실

경남교육 현장의 학교 폭력과 교권 붕괴는 교육 공동체로서의 기능을 위협하는 지경에 이르렀습니다. 개혁과 혁신의 이름 아래 학교 구성원들을 찢어놓는 바람에 신뢰와 연대가 무너져 버렸습니다. 학생, 교사, 교장, 학부모가 제각기 딴곳을 보고 있는 셈입니다.

특히 학교 관리자와 교사 간의 신뢰 붕괴가 심각한 수준입니다. 교사들은 교장·교감을 자신을 지켜주는 선배가 아니라 개혁의 대상, 혁신의 장애물쯤으로 생각하고 있습니다.

근무평정 불가, 성과급 관여 불가 등으로 인해 교장의 권한이 줄어들어 리더십 발휘가 어려워졌습니다. 일부 교사들의 책임 방기 행태를 감독해야 할 교장·교감들이 '네 문제는 네가 알아서 하라'고 방관하는 경우가 늘고 있습니다. 말 그대로 총체적인 난국이 아닐 수 없습니다.

교사들이 법적 위험을 회피하기 위해 적극적인 교육 활동을 포기하는 '냉각 효과(chilling effect)'가 심화되고 있습니다. 국민들도 교사의 정당한 교육 활동에 대한 침해행위가 심각하다는 것을 알고 있습니다. (5점 만점에 3.60) 국민들은 교권 침해의 이유로 학생 인권의 지나친 강조(39.6%), 교육활동 보호 인식 부족(23.5%), 학교 교육이나 교원에 대한 불신(16.7%) 등을 꼽았습니다.

학생 인권 조례나 아동학대 신고에 대한 두려움으로 인해 교사들이 무조건 위험을 회피하는 경향을 보입니다. 잠재적인 민원과 고소·고발을 피하기 위해서입니다. 교사들은 자칫 오해를 사거나 문제가 될까 봐 학생들을 적극적으로 도와주려 하지 않습니다. 이러한 방어적이고 소극적인 태도는 진정한 배움이 일어나는 것을 방해합니다.

목표를 잃은 교사들의 무기력과 일부 교사의 무책임한 태도가 공교육에 대한 불신을 증폭시키고 있습니다. 교육의 열정을 가진 많은 선생님들이 학교 현장에서 머뭇거리고 있으며, 목표와 방향을 잃고 힘겨워하고 있습니다. 자연히 학생들과 학부모들의 불만의 목소리도 높아지고 있지요.

심지어 일부 교사들은 학원에서 수능 준비를 하라고 떠넘기는 무책임한 태도를 보이기도 합니다. 그 결과 상위권 학생들은 타 지역으로 떠나고, 중하위권 학생들은 방치되어 자포자기하는 양극화 현상이 심화된 지 오래입니다.

이와 같이 공교육에 대한 신뢰가 하락하자 학부모들은 불안감을 느끼며 사교육 시장에 의존하고 있습니다. 공교육, 즉 학교가 성적 관리의 주도권을 빼앗긴 것입니다.

신뢰 회복을 위한 첫걸음: 교직원 보호 및 지원 강화

학교 폭력 및 위기 상황 대응을 위한 안전망 강화가 시급합니다. 교원의 교육활동 침해행위가 여전히 심각한 만큼, 학교 경찰관(스쿨 폴리스) 배치를 확대하고 교직 환경 변화에 맞는 실질적인 교권 보호 대책이 필요합니다.

무엇보다 먼저 교직원이 교육에 전념할 수 있는 환경을 구축해야 합니다. 교사의 수업권이 보장되어야 학생의 학습권도 보장되기 때문입니다. 하지만 교사와 교직원의 안전이 보장되어야 한다는 당연한 원칙이 현실에서는 지켜지지 않는 경우가 많습니다. 심지어 초등학교의 경우 부모들이 자녀의 '점심시간 양치 확인'과 같은 사소한 생활 습관까지 학교에 요구하는 사례가 비일비재합니다.

이제는 단호히 바꿔야 합니다. 교사들이 악성 민원이나 불필요한 잡무에 시달리지 않도록 학교와 교육청이 완충지대가 되어야 해야 합니다. 특히 일부 학부모의 지나친 민원으로부터 교사를 보호할 수 있도록 교장의 권한과 역할을 확대해야 합니다.

예를 들어 학교장에게 학부모 민원 처리 책임을 부여하여, 교사가 학부모의 민원에 직접 노출되지 않게 할 수 있습니다. 이 밖에도 모든 수단을 동원하여 교사가 악성 민원으로 고초를 겪지 않게 세심하게 보호해야 합니다.

이러한 현실은 매우 역설적입니다. 한국교육개발원(KEDI) 조사에 따르면 교사에게 우선적으로 필요한 역량으로 '생활지도 및 코칭 역량'과 함께 '학생 및 학부모와의 소통 역량'이 높게 나타났기 때문입니다.

이것은 교사가 학생들의 생활과 진로를 잘 지도하고, 학부모와도 원활하게 소통하는 것을 대다수의 국민들이 바란다는 것을 의미합니다.

하지만 앞서 말씀드렸듯이 현실은 정반대입니다. 교사들의 소통 의지를 근본적으로 가로막는 일투성이인 것입니다. 따라서 이에 대한 체계적인 지원 체계가 필요합니다.

무엇보다 시급한 것은 교사의 정당한 생활지도가 아동학대로 오인되어 위축되지 않도록 법적 안정성을 확보하는 것입니다. 교사들이 교육적으로 필요한 조치로 인해 아동학대법으로 처벌받지 않도록 견고한 제도적 방어를 마련해야 합니다.

실제로 많은 교사들이 아동학대 신고에 대한 두려움으로 점점 소극적이고 냉소적으로 변해 왔습니다. 이렇게 되면 가장 큰 피해는 선량한 학생과 학부모가 보게 될 수밖에 없습니다. 극소수의 극성 학부모들 때문에 대다수가 피해를 보는 셈입니다.

이러한 현장의 목소리를 반영하여 최근 '교권 보호 4법'이 개정되었습니다. 교원의 정당한 학생 생활지도는 아동복지법상 신체적·정서적 학대 행위로 보지 않는다는 면책 조항을 신설하였습니다. 하지만 교사들이 겪는 법적·심리적 부담과 공포는 여전합니다. 보다 실질적이고 현장에 맞는 조치가 요구되고 있습니다.

교육 공동체 구성원 간의 연대 의식과 신뢰가 무너져 교육 시스템의 근간이 위협받는 현실!

이것이야말로 경남교육의 가장 큰 문제일지도 모릅니다.

교육 주체 간의 신뢰 회복 없이는 어떠한 교육 정책도 성공할 수 없으니까요.

'교권 보호 4법'의 주요 개정 내용(2023년)

부모 등의 교육 존중 의무 명시

학부모 및 보호자가 교원과 학교의 교육·지도를 존중해야 할 의무가 법에 명시되었습니다.

학교장의 민원처리 책임 부여

학교장에게 민원 처리 책임을 부여하여 교사가 민원에 직접 응대하는 부담을 줄였습니다.

교사의 정당한 생활지도 보장

교사의 정당한 생활지도 행위가 「아동복지법」상의 일부 금지행위(정서적 학대 등) 적용에서 제외됩니다.

아동학대 신고에 따른 교원 보호 강화

아동학대 신고가 접수되더라도 정당한 사유 없이는 교원을 직위해제 할 수 없도록 하고, 교육감의 의견 제출 절차를 신설했습니다.

추가적인 교권 보호 관련 조치 (참고)

교권 침해 피해 지원 확대

교권 침해로 인한 피해를 지원하기 위해 학교 안전공제회 외에 민간 보험사까지 범위를 확대하는 내용이 포함되었습니다.

교권 회복 종합방안

'교권 회복 및 보호 강화 종합방안'에는 교권-학생 인권의 균형, 불합리한 학생인권조례 자율 개선, 학부모 책임성 강화 등도 포함됩니다.

교육청이 적극적인 역할을 해야 합니다

민원이나 분쟁 발생 시 교육청이 즉각적으로 개입하여 교사를 보호하고 법률적 지원을 제공하는 시스템을 구축해야 합니다. 교육청은 교사들의 '비빌 언덕'이 되어 주겠다는 메시지를 통해 신뢰를 회복해야 합니다. 교육감은 교원의 소송 비용 지원 등 법률적 지원을 책임지도록 의무화되었습니다(교원지위법). 이를 위해 변호사 몇 명만 더 채용하면 법률적 지원 시스템을 갖출 수 있습니다. 시도 교육감이 중앙 정부의 지침을 기다릴 것이 아니라, 현장의 문제 해결 방안을 주도적으로 마련하고 제도적 지원을 이끌어내야 합니다.

교사의 사기를 진작시키고, 무기력해진 교사들이 다시 교육 열정을 회복할 수 있도록 지원해야 합니다. 교권 침해 문제로 인해 특별휴가, 병가, 휴직 등 정상적인 교육 활동을 중단하는 교사의 수가 폭증하고 있습니다. 교사들은 이직 또는 사직을 고민하는 경우가 많아, 교직의 위상이 추락하고 교사 소진 문제가 심각합니다. 교육의 열정을 가진 교사들에게 힘과 용기를 북돋아주어 경남교육에 생기를 불어 넣어야 합니다.

신명나는 학교, 안전한 학교, 문화가 있는 학교

적당히 시간만 보내며 무기력해진 선생님들이 다시 의욕을 되찾게 만드는 학교를 만드는 것!

그 출발점은 교육감과 교육 당국이 현장의 교사들에게 '기댈 언덕'과 '든든한 울타리'가 되어주는 것입니다. 이러한 신뢰를 바탕으로 교장과 교감, 교직원 모두가 '내 학교'라는 진정한 주인의식과 자율성, 그리고 사명감을 가질 때, 학교는 비로소 변하기 시작합니다.

이런 환경이 조성된다면, 학교는 더 이상 소위 '꼰대 교사'와 '철없는 MZ 교사'가 세대 갈등으로 대립하며 좀비처럼 무기력하게 부유하는 공간이 아닐 것입니다. 그 대신 '든든하고 존경스러운 선배 교사'와 '발랄하고 똑부러지는 젊은 교사'들이 서로의 장점을 배우고 존중하며 신명나게 일하는 학교로 만들 수 있습니다.

교육청이 교장을 보호하고 교장과 교감이 교사를 2중, 3중으로 보호하는 학교. 그리고 그 든든한 보호막 안에서 주어진 자율성과 다양성을 바탕으로 구성원 모두가 자신들만의 고유한 문화를 창의적으로 만들어가는 학교!

경남의 모든 학교가 이렇게 저마다의 특색을 갖추게 된다면, 학부모와 학생들 역시 자신들이 원하는 문화와 미션, 지향점을 가진 학교를 주체적으로 선택할 수 있게 될 것입니다.

MZ 세대 교사의 도전과 성장 지원

　세상에서 가장 쉬운 것은 남이 정해준 길로 가는 것입니다. 정해진 길로 가지 않는 사람은 앞으로 어떻게 살아야 할지 스스로 치열하게 고민하고 선택해야 하기 때문입니다. 하지만 진정한 삶과 역량은 그러한 고민에서 시작됩니다. 정해진 트랙을 열심히 돌기만 하면 되는 시대는 빠르게 저물어가고 있습니다.

　아직도 많은 부모님들이 자녀에게 "너는 공부만 해. 다른 건 엄마 아빠가 다 해줄게"라고 말합니다. 이 말은 사실상 자녀가 다른 고민 없이 가장 쉽고 정해진 길, 즉 '공부'에만 매진하라는 요구입니다. 이렇게 자란 소위 'MZ 세대'는 공부 이외의 어려움을 스스로 해결해 본 경험이 많지 않습니다. 그들은 부모가 깔아준 레일 위를 성실히 달려 임용고시라는 관문을 통과했고, 그렇게 교사가 되었습니다.

　문제는 그 이후에 발생합니다. 이들은 학생들이나 학부모들이 학교생활에서 겪는 현실적인 고민과 문제, 또는 어려움을 토로할 때 그것을 진심으로 이해하지 못합니다. 자신들이 겪어보지 못한 '골치 아픈 문제'는 가급적 외면하려 합니다. 심지어 학부모가 어려움을 호소하며 상담을 요청할 때도, "제가 지금 처리할 업무가 많아서요"라며 대화를 회피하거나 공감하지 못하는 태도를 보이기도 합니다.

문제가 생겨도 교장이나 교감에게 보고하고 시스템 안에서 함께 해결하지 않고 혼자서 끙끙 앓는 경우가 많습니다. "나는 규칙대로 가르쳤고 잘못한 것이 없는데, 왜 나에게 이런 일이 생기는가?"라며 상황 자체를 개인적인 공격으로 받아들이거나 문제 해결 자체를 버거워하는 것입니다.

이러한 현상은 학교 내에서 서로 도와주고 문제를 함께 해결하려는 문화가 부재하기 때문입니다. 힘든 일은 동료 교사나 관리자와 나누고, 일이 더 커지기 전에 시스템적으로 수습해야 합니다.

하지만 오직 개인의 성취(공부)만을 강조하는 환경에서 자란 이들에게는 이러한 협업과 문제 해결의 경험 자체가 부족합니다. 결국 초기에 충분히 해결할 수 있었던 작은 갈등이나 문제도 점차 감정적인 영역으로 번지게 되고, 걷잡을 수 없이 큰일로 비화되고 맙니다.

성장의 길잡이: 선배 교사와 관리자, 그리고 교육감의 역할

MZ세대 교사들이 겪는 어려움은 개인의 부족함이 아니라 그들이 성장해 온 환경과 교육 시스템의 결과입니다. 따라서 이들을 비난하기보다 성장을 지원하는 시스템을 만드는 것이 중요합니다.

선배 교사(멘토 역할): 경험 많은 선배 교사들은 단순한 '꼰대'가 아니라, 후배 교사들이 겪는 어려움을 공감해주고 실질적인 조언을 해주는 멘토가 되어야 합니다. 문제 상황을 함께 분석하고, 과거 자신의 경험을 공유하며, 혼자가 아니라는 심리적 지지를 보내주는 것이 중요합니다.

교장, 교감(시스템 구축): 관리자는 문제가 발생했을 때 교사 개인이 모든 책임을 지도록 방치하는 것이 아니라, 학교 시스템 안에서 함께 해결하는 문화를 만들어야 합니다. 교사가 학부모 민원이나 학생 문제로 어려움을 겪을 때, 혼자 대응하게 두지 않고 학교 차원에서 공식적으로 지원하고 보호하는 절차와 방어막을 구축해야 합니다. 또한 교사들이 서로의 고민을 나누고 협력하여 문제를 해결할 수 있는 정기적인 소통 채널을 마련해야 합니다. (예: 동학년 협의회 활성화, 교사 학습 공동체 지원)

교육감(정책적 지원 및 문화 조성): 교육감은 교사들이 안심하고 교육에 전념할 수 있도록 정책적, 제도적 지원을 마련해야 합니다. 특히 악성 민원이나 아동학대 무고로부터 교사를 보호할 수 있는 법률 및 행정 지원 시스템을 강화하고, 교권 침해 사안에 대해 교육청이 적극적으로 개입하는 원칙을 세워야 합니다. 또한 평가 시스템을 개선하여 결과 중심이 아닌 성장 중심의 교육 문화를 조성하고, 교사들이 실패를 두려워하지 않고 새로운 시도를 할 수 있도록 격려해야 합니다. 학생을 포기하지 않아야 하듯이 교사의 성장 가능성도 포기해서는 안 됩니다.

MZ세대 교사가 바라보는 현실: 좌절과 냉소의 이유

많은 젊은 교사들은 이상과 열정을 가지고 교직에 입문하지만, 얼마 지나지 않아 깊은 좌절감을 느끼고 냉소적으로 변하곤 합니다. 특히 "요즘 젊은 교사들은 나약하고 무책임하다."고 비판할 뿐, 실질적인 도움이나 해결책은 주지 않는(못하는) 선배 교사들의 모습에 실망합니다.

문제가 생겼을 때 교사 개인의 문제로 치부하거나, 심지어 학부모 편에 서서 교사를 압박하는 교장·교감의 모습도 깊은 회의감과 배신감을 안겨줍니다.

교육청도 마찬가지입니다. 힘없는 교사들이 학부모의 악성 민원이나 무고성 고소에 시달려도 교사를 보호하기보다 문제를 조용히 덮으려는 데 급급했습니다.

이러한 경험들은 교사 스스로 방어적으로 변하게 만들고, 학생들과의 건강한 관계 형성을 가로막아 왔습니다.

그 결과 아이들의 성장을 위해 어려운 과제를 내주고 엄격하게 지도하며 씨름하는 교사보다, 아이들을 방치하고 재미있는 영상을 틀어주며 '행복하게만' 해주는 교사가 학생과 학부모에게 더 좋은 평가를 받는 현실이 되고 말았습니다. 진정한 교육적 노력이 인정받지 못하고 오히려 비난받는 기막힌 상황 속에서 교사들은 무력감을 느끼고 있습니다.

이러한 좌절이 반복되면 처음의 열정은 사라지고 "나 혼자 애쓴다고 뭐가 달라지나"하는 냉소주의에 빠지게 됩니다. 최소한의 의무만 하고 마음이 떠난 상태, 일종의 번아웃(burnout) 상태가 되는 것입니다.

더 이상은 두고 볼 수 없습니다. 이 모든 현상이 공교육 전체의 질 저하로 이어지기 때문입니다.

근본적인 변화가 필요합니다.

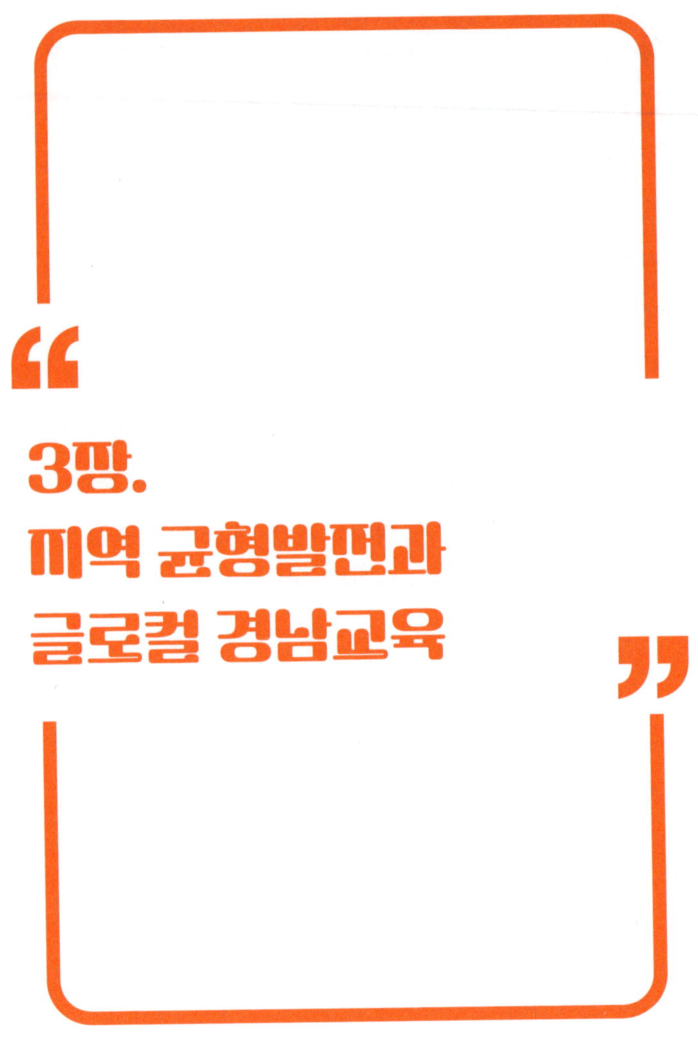
3장.
지역 균형발전과
글로컬 경남교육

경남형 국제화 교육 전략 구축: 지역에서 세계로

왜 국제화인가?: 글로컬 경남을 위한 제언

전 세계가 하나의 '지구촌'이 된 지 오래입니다. 그러므로 글로벌 마인드와 시야, 외국에서 보고 느낀 경험은 모든 학생의 필수 생존 조건이 되었습니다. 더 이상 일부 엘리트의 특권이나 선택 사항이 아닌 것입니다.

미래 세대를 더 큰 세상에서 활약하는 글로벌 리더로 키우기 위해서는 글로벌 역량 교육이 필수입니다. 특히 한국 학생들이 부족하다고 평가받는 유연한 커뮤니케이션 능력, 다양한 사람들과 협력하는 팀워크, 갈등을 조율하는 협업 역량을 키워줘야 합니다.

글로벌 마인드가 경남교육과 무슨 상관이냐고요?

눈앞의 현실을 도외시한 뜬구름 잡는 이야기 아니냐고요?

저는 오히려 "더 지역적일수록 더 글로벌해야 한다!"고 외치고 싶습니다. 저출생과 지역 소멸, 끝없는 인재 유출이라는 경남의 고질적인 난제를 해결할 열쇠가 바로 이 '세계화(globalization)'에 있기 때문입니다.

지역 대학의 경쟁력을 높여 우수한 인재를 육성하고, 이들이 경남을 떠나지 않도록 만드는 것이 핵심입니다. 경남의 청년들이 수도권이 아니라 세계 무대를 바라보고 경쟁할 수 있도록 AI 혁신 교육과 글로벌 역량 교육을 전폭적으로 실시해야 합니다.

AI 혁명으로 판이 뒤집히는 지금이 바로 경남교육이 낡은 질서를 뛰어넘을 '골든타임'입니다. 전국의 학생들이 앞다투어 몰려오는 'AI 교육 특구'로 경남을 키우겠다는 비전, 그리고 세계를 누비는 글로벌 인재를 키워내겠다는 비전이 동시에 갖춰져야 합니다. AI 없는 세계화, 세계화 없는 AI 모두 반쪽자리이기 때문입니다.

이것은 결코 뜬구름 잡는 이야기가 아닙니다. 저는 지난 30여 년간 교육부 국제협력관, OECD 파리 본부 정책분석가, 국립국제교육원장 등을 역임하며 국제 협력 분야에서 잔뼈가 굵은 '국제통'으로 불려왔습니다.

특히 2015년 유네스코 세계교육포럼 준비단장으로서 '인천선언' 채택을 이끌어내며, 대한민국을 단순한 교육 수혜국이 아닌 글로벌 교육 거버넌스의 '설계자'로 자리매김한 경험이 있습니다.

이러한 국제적 경험이 경남교육의 개혁과 혁신을 실행하는 데 꼭 필요한 덕목이 아닌가 합니다.

지금 경남에 필요한 리더는 단순히 문제를 관리하는 사람이 아니라 다양한 이해관계자의 의견을 조율하고 복잡한 갈등을 조정하며 개혁을 완수해 내는 '조정자(Coordinator)'입니다.

국제적 교육활동 경험, 세계적인 네트워크, 글로벌한 인적 자산을 활용할 수 있는 리더가 침몰하는 경남교육에 반드시 필요한 시기입니다.

경남 국제교육원 설립 추진: 국제 교류 허브 구축

세계화 비전을 실현하기 위한 구체적인 첫걸음으로 '경남국제교육원 (가칭)' 설립을 제안합니다. 이 기관은 경남교육의 국제 교류 허브 역할을 수행하며, 특히 유학생 유치에 큰 어려움을 겪고 있는 지방 대학들을 실질적으로 지원하는 컨트롤 타워가 되어줄 것입니다. 이는 단순히 교육의 문제를 넘어, 침체된 지역 경제 활성화에도 직접적으로 기여하는 방안입니다.

저는 국립국제교육원(NIIED) 원장 재직 시절, 지자체 및 지방 대학과 연계한 '온라인 유학 박람회'를 성공적으로 활성화하여 지방 대학의 유학생 유치를 적극 지원했던 경험이 있습니다. 이 성공 모델을 경남에 적용하고 발전시킬 필요가 있습니다.

국제교육원의 또 다른 핵심 역할은 경남의 풍부한 다문화 자원을 활용하는 것입니다. 경남은 현재 전국에서 세 번째로 많은 다문화 학생이 재학 중이며, 특히 김해시 등을 중심으로 그 수가 폭발적으로 증가하고 있습니다.

지금까지의 다문화 교육 정책은 이들을 단순한 '지원 대상'으로만 바라보는 경향이 있었습니다. 이것은 이들이 가진 잠재력을 간과하는 것입니다. 다문화 학생들은 이중언어 능력과 새로운 문화에 대한 높은 수용성이라는 강력한 장점을 지닌 소중한 '자산'입니다. 따라서 우리는 이들을 글로벌 인재로 육성하는 패러다임의 전환을 이루어야 합니다.

제주특별자치도의 '제주다문화교육센터'가 좋은 본보기입니다. 이 센터는 한국어 교육뿐만 아니라 이중언어 교육, 문화 이해, 상담, 학부모 교육까지 통합 지원하며 다문화 가정의 안정적인 정착과 학생들의 성장을 돕고 있습니다. 경남에도 이러한 맞춤형 교육지원센터 설립이 시급합니다. 이 센터는 단순한 지원을 넘어, 다문화 학생들이 가진 강점을 발휘하고 지역 사회에 성공적으로 통합되도록 돕는 구심점 역할을 할 것입니다.

경남국제교육원은 단순히 영어 교육만을 시키는 곳이 되어서는 안 됩니다. 진정한 세계화는 다문화를 깊이 이해하는 것에서 시작됩니다. 문화의 상대성을 인정하고 우리 자신도 모르게 내면화된 문화적 위계의식을 버려야 합니다. 동등한 관점에서 서로를 이해하고 존중하는 태도를 가르쳐야 합니다.

모든 국제 교류는 지역 사회와 긴밀하게 연계되어야 합니다. 예를 들어 경남의 각 지자체가 자매결연을 맺고 있는 해외 도시와 경남의 학교들이 직접 교류할 수 있습니다. 정부 초청 장학생(GKS) 사업을 통해 배출된 수많은 지한(知韓)·친한(親韓) 네트워크도 활용해야 합니다. 이들은 한국에서의 경험을 바탕으로 자국과 한국을 잊는 '브릿지 인재'가 될 잠재력이 큽니다. 이들을 경남의 기업 및 대학과 연결하는 방안을 모색하여, 교육이 곧 지역의 경제적 자산이 되도록 만들어야 합니다.

한국형 IB(KIB) 모델 개발: 교육 표준 제시

국제적으로 검증된 토론식, 논술 및 에세이 쓰기 중심의 수업을 표준화한 IB(International Baccalaureate) 프로그램은 분명 배울 점이 많습니다. 독서와 사고력 교육 기반으로 깊이있는 사고 능력을 배양해주기 때문입니다.

하지만 경남교육이 언제까지나 값비싼 로열티를 지불하며 외국의 교육 프로그램에 종속될 필요는 없습니다. 저는 한국의 교육 현실에 맞는 '한국형 IB(KIB)'를 자체 개발하여 새로운 교육 표준을 제시할 것을 제안합니다. 토론과 논술 중심의 수업을 우리 실정에 맞게 표준화하여 국제 통용 프로그램으로 발전시킨 것, 이것이 바로 한국형 IB, KIB입니다.

KIB는 학생들에게 국내 대학 입시(수시 전형)와 외국 대학 진학 모두에 필요한 핵심 역량을 갖추도록 돕는 강력한 대안이 될 것입니다.

KIB 개발 과정에서 교육부의 지침만 기다리고 있어서는 안 됩니다. 교육감이 현장의 필요와 문제의식을 바탕으로 주도적으로 해결 방안을 마련하고, 그 성과를 바탕으로 교육부의 제도적 지원을 이끌어내는 방식으로 추진되어야 합니다.

현장의 많은 교사들도 외국 IB 프로그램에 비싼 로열티를 내는 것에 대해 문제의식을 갖고 있습니다. 우리 스스로 충분히 우수한 한국형 표준을 만들 능력이 있다는 데에도 공감하고 있습니다. 이 동력을 모아 경남이 주도하는 KIB를 성공적으로 안착시킨다면, 경남교육의 수준을 한 단계 끌어올리는 혁신적인 사례가 될 것입니다.

저비용 고효율로 글로벌 경험 확대

학생들에게 실제 '글로벌 경험'을 제공하는 것이 중요합니다. 학생들이 미래에 국제 무대에 서더라도 떨지 않고 자신 있게 나설 수 있게 해주고 세상을 보는 시야를 넓혀주기 때문입니다. 학생들에게 이러한 도전을 경험하게 하고 더 큰 비전을 갖도록 돕는 것은 우리 교육의 중요한 책무입니다.

하지만 모든 학생이 값비싼 비용을 들여 외국에 나갈 수는 없습니다. 그렇다면 우리는 저비용 고효율의 '온라인 프로그램'과 '디지털 국제 교류'를 통해, 학생들이 경남에 있으면서도 글로벌 인재로 성장할 수 있도록 지원해야 합니다.

예를 들어 유럽의 학교들처럼 자매결연 학교를 통한 온라인 교류를 활성화하고, 이를 홈스테이 프로그램과 연계할 수 있습니다. 또한 제주 영어교육센터 등 국내의 우수한 기관과 연계하여 경남의 학생들이 방학 등을 이용해 집중 교육을 받게 하는 것도 외국에 직접 나간 것만큼의 높은 효과를 거둘 수 있는 현실적인 대안입니다.

이러한 접근 방식은 학생 맞춤 교육을 실현하기 위한 '교육의 디지털 대전환'이라는 세계적 트렌드와도 일치합니다. 대한민국은 IT 강국으로서 AI 디지털 분야를 주도할 수 있는 충분한 경험적 배경을 가지고 있습니다.

이미 AI 등 첨단 기술을 적용한 한국어능력시험(TOPIK)의 인터넷 기반 시험(IBT)을 구축하는 등, 교육 시스템 전반의 고도화가 추진되고 있습니다. 이러한 디지털 시스템을 교육 현장에 적극적으로 도입해야 합니다.

이 모든 디지털 혁신이 성공하기 위한 가장 시급한 과제는 '교사의 역량'입니다. 미래 환경 변화에 성공적으로 대응하기 위해서는 AI와 디지털 기술을 능숙하게 활용하여 학생들의 성장을 이끌어낼 수 있도록 교사들의 교수 역량을 강화해야 합니다.

기업과의 연계와 평생교육: 평생 배움 플랫폼 구축

평생교육의 중요성

인공지능(AI) 혁명으로 지식과 기술의 변화 속도가 급격히 빨라지면서, 한 번의 교육으로 평생을 살아가는 시대가 막을 내리고 있습니다. 이제 평생 학습은 선택이 아닌 필수적인 생존 전략입니다.

급속한 과학기술의 발전은 산업과 직업의 생성 및 소멸 주기를 극단적으로 단축시키고 있으며, 고용 방식과 근무 형태 역시 광범위하게 변화하고 있습니다. '평생직장' 시대에서 '평생직업' 시대로의 전환이 이미 이루어졌고, 이직 및 전직이 일상화된 시대에 우리는 살고 있습니다.

따라서 교육은 더 이상 특정 시기에 국한된 과정이 아닌, 전 생애에 걸쳐 개인의 삶을 지원하는 '평생 배움 플랫폼'으로 재정의되어야 합니다. 실제로 한 조사에 따르면, 평생·직업교육정책 가운데 향후 지속적으로 강조되어야 할 1순위 정책으로 '생애단계별 맞춤형 평생학습을 위한 제도 개선 및 기반 확충’(21.9%)이 꼽혔습니다. 이는 평생학습에 대한 국민적 요구가 얼마나 높은지 명확히 보여줍니다.

교육은 어린아이부터 성인까지, 생애 주기에 맞는 맞춤형 교육 서비스(Care)를 제공해야 합니다. 특히 성인들을 위한 교육은 자신의 인생을 돌아보고 나아갈 방향을 재설정하도록 돕는 진정한 ‘평생 교육’의 역할을 수행해야 합니다. 이는 학령기에 있지 않은 유권자들의 자기계발과 문해력 향상에도 기여한다는 점에서 매우 중요합니다.

성인 대상 맞춤형 교육 제공

평생 배움 플랫폼은 성인을 위한 맞춤형 교육을 제공해야 합니다. 먼저 30대 이후의 젊은 성인들에게는 급변하는 기술 환경에 적응하기 위한 AI 및 디지털 재교육 기회가 절실히 필요합니다. 이는 현직 교사들에게도 마찬가지입니다. 교사 연수 역시 단순한 도구 사용법 연수를 넘어, ‘AI 시대의 효과적인 피드백 방식, 학습 윤리, 맞춤형 수업 설계’와 같이 교육 철학과 방법론의 근본적인 전환을 이끌어내는 방향으로 개편되어야 합니다.

중장년층에게는 전문성 향상 교육뿐만 아니라 삶의 의미를 되찾고 문화, 스포츠 등 인문적 소양을 함양하는 교육 기회가 필요합니다. 최근(2024년) 고령층을 위한 디지털 문해교육 서비스나 은퇴 경력자의 K-MOOC 강좌 개발을 통한 사회공헌 지원 사업 등이 신규로 도입되는 것은 이러한 시대적 요구를 반영한 것입니다.

또한 성인 문해력 문제를 정면으로 마주해야 합니다. OECD 국제 성인 역량 조사(PIAAC) 결과는 충격적입니다. 대한민국은 만 15세 학생들의 학업 성취도(PISA)는 세계 최상위권이지만, 성인이 되면서 그 문해력이 급격히 떨어지는 모순을 보여주고 있습니다. 이는 우리 사회의 평생교육 시스템이 제대로 작동하지 않았다는 명백한 증거이며, 성인 문해력 교육이 그동안 얼마나 취약했는지를 보여줍니다. 이 문제를 해결하지 않고서는 사회 구성원으로서의 역량을 제대로 키울 수 없습니다.

산업계와의 긴밀한 연계 강화

평생교육 시스템이 성공적으로 작동하기 위해서는 산업계와의 긴밀한 연계가 필수적입니다. 교육은 학교 안에서만 완성될 수 없으며, 기업 현장으로부터의 실질적인 투입(Input)을 보장하는 시스템을 갖추어야 합니다.

실제로 '지자체-대학-기업-지역사회 간 협력 강화'는 평생·직업교육 정책에서 항상 1순위로 강조되는 핵심 과제입니다. 특히 전문대학이 고등 평생직업교육기관으로서의 역할을 다하기 위해서는 대학 중심의 산학협력이 반드시 전제되어야 합니다.

이러한 협력은 학생들에게 실질적인 직업 경험을 제공하는 통로가 되어야 합니다. 지역 기업의 사회적 기여를 이끌어냄으로써 학생들이 현장에서 의미 있는 직업 체험과 인턴십을 할 수 있어야 합니다.

예를 들어 유럽의 일부 국가들처럼 기업의 실습 담당자에게 수당을 지원하여 책임감 있는 교육을 유도하는 시스템 도입을 고려해야 합니다. 직업계 고등학교의 학과를 혁신하는 것만으로는 충분치 않으며 현장 실습의 '질'을 담보하는 산업체와의 강력한 파트너십이 우선되어야 합니다.

지방 교육을 활성화하고 지역 소멸과 같은 사회적 난제를 해결하는 일은 교육청 혼자만의 노력으로는 한계가 있습니다. 교육의 문제는 교육계만의 문제가 아니므로 기업, 지자체, 교육청, 중앙정부가 함께하는 '4각 협력 체제'가 필요합니다.

정부가 추진하는 교육발전특구, RISE 사업, 글로컬 대학, 기회발전특구와 같은 정책들을 모두 연계하여 '교육 → 일자리 → 지역 정주'로 이어지는 선순환 구조를 구축하는 것, 이것이야말로 경남교육이 나아가야 할 방향입니다.

지역(로컬) 균형발전: 교육으로 경남을 잇다

교육의 역할 재정의: 사회 전체의 난제를 해결하는 열쇠

우리는 먼저 교육의 역할을 근본적으로 재정의해야 합니다. 교육은 더 이상 교육계 내부만의 문제가 아니며, 저출생과 지역 소멸, 인재 유출 등 경남이 직면한 사회 전체의 심각한 난제를 해결하는 핵심적인 열쇠가 되어야 합니다.

현재 경남은 2023년 한 해에만 18,827명의 청년이 수도권으로 떠나는 등, 심각한 인재 유출과 그로 인한 폐교 증가라는 위기에 직면해 있습니다. 낡은 시대의 그림자인 획일성과 공급자 주도성이 여전히 교육 현장의 자율성을 훼손하는 상황에서 4차 산업혁명의 가속화에 대응하는 새로운 교육 패러다임의 도입이 절실합니다.

지역 정주 선순환 구조

학교 교육이 아무리 우수하더라도 졸업생들이 머무를 양질의 일자리가 지역에 없다면 인재들은 결국 떠나갈 수밖에 없습니다. 앞에서도 말씀드렸듯이 지자체 및 산업계와의 긴밀한 협력을 통해 '교육 → 일자리 → 지역 정주'로 이어지는 선순환 구조를 반드시 구축해야 합니다.

이는 현재 추진 중인 교육발전특구, RISE 사업, 글로컬 대학, 그리고 기회발전특구와 같은 핵심 정책들을 유기적으로 연계할 때 가능합니다. 이러한 지역 혁신 체계는 이번 정부에서도 중단 없이 지속될 가능성이 높으며, 모두 '지역과 대학의 연계'를 통한 시너지 창출에 방점을 두고 있습니다. 또한, 이는 청년들에게 주거, 일자리, 교육 등 맞춤형 지원을 제공하는 국가적 과제(국정과제 90번)와도 정확히 일치합니다.

경남도와의 협력 강화: '4각 협력 체제'의 중심

지방 교육을 살리기 위해서는 경남도청을 비롯한 지자체와의 강력한 파트너십이 필수입니다. 이는 중앙 정부 역시 '교육발전특구' 사업 등을 통해 '일반행정과 교육행정 간 연계 거버넌스 개편'을 강조하는 현재의 흐름과도 일치합니다.

과거 홍준표 도지사 시절에는 박종훈 교육감 1기와 급식 문제 등으로 크게 대립하며 행정력을 낭비했던 적도 있습니다. 하지만 지금은 상황이 다릅니다. 지역 소멸이라는 공동의 위기 앞에서 모두가 협력해야 한다는 공감대가 그 어느 때보다 높습니다. 밀양시와 교육청이 시니어 봉사자들을 활용해 돌봄을 제공하는 '지역 책임형 돌봄 모델'은 이러한 지자체 협력의 훌륭한 성공 사례 중 하나입니다.

하지만 협력의 궁극적인 목표는 단순히 돌봄이나 행정 편의를 넘어, 지역 인재가 경남에 머무를 수 있는 '양질의 일자리'를 창출하는 데 있어야 합니다. 학교가 아무리 잘 가르쳐도 취업을 할 수 없다면, 청년들은 결국 떠날 수밖에 없기 때문입니다.

따라서 공공기관은 물론 민간 기업의 '지역 인재 채용'을 적극적으로 확대하고, 이것이 무너진 계층 이동의 사다리를 복원하는 실질적인 통로가 되도록 만들어야 합니다.

또한 지역 산업 수요에 맞는 맞춤형 교육 모델을 설계해야 합니다. 창원, 김해, 양산, 거제 등 주요 도시의 인재 유출, 특히 우수한 학생들이 가장 많이 빠져나가는 김해와 같은 지역의 문제를 해결하기 위해 지역 산업과 직접 연계된 학교 특성화가 시급합니다.

예를 들어 거제에는 조선 관련 특화 고등학교를, 김해에는 예술 고등학교를 집중 육성하는 방식입니다. 제가 과거 마이스터고 제도 설계 경험을 살려 삼천포공고와 거제공고를 성공적인 마이스터고로 전환시켰던 사례처럼, 경남의 산업 수요에 정확히 부응하는 교육 모델을 만들어 '교육이 곧 일자리'가 되는 선순환 구조를 완성해야 합니다.

지역 내 교육 격차 해소

경남교육이 다시 일어서기 위해서는 도농 간 격차 및 지역 내 학교 간의 현저한 교육력 차이를 해소하는 것이 급선무입니다. 모든 학생이 자신이 속한 지역에서 양질의 교육을 받고, 의미 있는 배움과 성장을 경험할 수 있어야 합니다.

가장 효과적인 전략은 지역의 유치원, 초등학교, 중학교, 고등학교를 하나의 벨트로 연계하는 '교육 클러스터'를 구축하는 것입니다. 이는 학생들이 자신의 삶의 터전에서 공부하며 꿈을 키워나갈 수 있도록 튼튼한 교육 생태계를 만드는 작업입니다.

이 클러스터는 특히 초등학교와 중학교 간 교육과정의 연계성, 학생의 발달 단계에 적합한 생활지도 시스템을 우선적으로 고려하여 설계되어야 합니다.

기숙형 고등학교 및 연계 프로그램 운영

이 클러스터의 핵심 목표 중 하나는 중학교 졸업생들의 타 지역 유출을 막는 것입니다. 이를 위해서는 시군별로 학생들이 양질의 교육을 받으며 머무를 수 있는 '기숙형 고등학교'를 거점으로 운영하는 방안을 적극 추진해야 합니다.

이때 학교 규모가 너무 작으면 내신 관리에 불리할 수 있습니다. 따라서 기숙사 제공을 넘어 다양한 심화 활동이 가능한 적정 규모의 거점 학교로 육성해야 합니다.

또한 클러스터 내의 학교들은 유기적으로 움직여야 합니다. 중학교는 인근 초등학교 학생들을 위한 영재 교육이나 방학 프로그램을 제공하고, 고등학교는 지역 대학과 연계하여 교수들이 직접 참여하는 특별 프로그램을 운영하는 방식입니다. 인프라가 부족한 지역은 '찾아가는 창의적 체험활동 버스' 등을 통해 지원하는 방안도 고려할 수 있습니다.

심각한 소규모 학교 문제 해결

경남이 마주한 가장 심각한 현실 중 하나는 소규모 학교 문제입니다. 경남 초등학교의 41.3%가 전교생 100명 이하의 소규모 학교이며, 이는 전국 평균(31.3%)보다 10%나 높은 수치입니다.

이러한 소규모 학교의 증가는 교육의 질적 훼손과 지역 소멸의 원인이 될 수 있습니다. 따라서 교육이 가능한 적정 규모를 유지할 수 있는 학교는 '작은 학교 살리기 사업' 등을 통해 지원하되, 그렇지 않은 경우는 기숙사 공동화 등을 통해 거점 중학교로 통합 운영하는 방안을 모색해야 합니다.

실제로 학령인구 감소 지역의 대책으로 '초·중 통합운영학교' 확대에 대해 66.6%(읍·면 지역 69.3%)의 높은 긍정 응답이 확인된 만큼, 현장의 요구를 반영한 통합 모델을 적극 도입해야 하겠습니다.

아울러, 이미 발생한 수많은 폐교는 더 이상 방치되어서는 안 됩니다. 이 공간들을 지역 커뮤니티 거점으로 적극 활용하여, 지역 소멸 위기에 대응하는 새로운 활력의 중심지로 만들어야 합니다.

1부 | 경남 교육, 위기를 기회로 만들 골든타임을 맞이하다

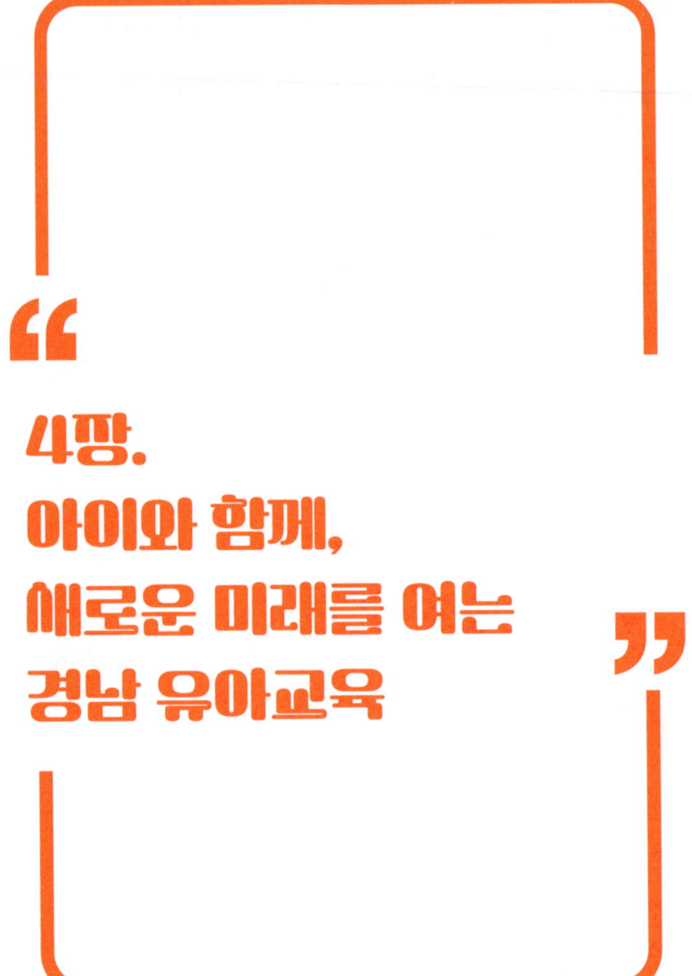
4장.
아이와 함께,
새로운 미래를 여는
경남 유아교육

왜 유아교육인가?: 흔들리는 출발선, 새로운 약속

생애 첫 학교, 유아교육! 유아기는 인간 발달의 결정적 시기이며 모든 배움의 출발선입니다. 이 시기에 이루어지는 교육은 단순히 지식을 습득하는 것을 넘어 아이의 신체적, 인지적, 정서적, 사회적 발달의 기초를 다지는 매우 중요한 과정입니다.

그러므로 아이들에게 질 높은 교육 환경을 제공하여 아이의 정서적 안정감과 잠재력을 최대한 발현시키고, 미래 사회의 건강한 구성원으로 성장하도록 돕는 것이 사회 전체의 책무입니다.

경남교육의 변화는 생애 첫 학교인 유아교육에서부터 시작되어야 합니다.

전인적 발달을 돕는 유아교육

유아교육은 유아의 전인적 발달에 기초를 제공하는 중요한 첫걸음입니다. 유아교육을 통해 아이들은 기본적인 지식 습득 뿐만 아니라 협력, 의사소통 및 문제해결 능력을 배울 수 있습니다. 이러한 성장은 궁극적으로 더 나은 사회를 형성하는데 기여하게 됩니다.

이 시기에 아이의 재능을 조기에 발견하고 그에 맞는 맞춤형 교육 기회를 제공하는 것은, 아이 개인의 성장뿐만 아니라 국가 미래 인재를 키우는 중요한 의무입니다. 따라서 유아교육 단계에서부터 아이들을 세심하게 관찰하고 지원할 수 있는 체계적인 교육시스템 구축이 필수적입니다.

'아이 중심' 원칙: 유보통합의 흔들리지 않는 기준,

최근 추진 중인 유아교육·보육 통합(유보통합) 논의의 핵심에는 '아이 중심'이라는 대원칙이 있어야 합니다. 아이들은 유치원에 다니든, 어린이집에 다니든 기관 유형에 관계없이 동일하게 양질의 교육과 보육을 받을 권리가 있습니다.

유보통합 논의는 자칫하면 '어린이집 교사들이 공무원이 될 수 있는가'와 같은 기관의 이해관계나 행정 편의의 문제로 변질될 수 있습니다. 이러한 어른들의 논리를 배제하고, 오직 아이들의 건강한 성장과 발달을 최우선으로 고려하는 것이 유보통합 정책의 흔들리지 않는 기준이 되어야 합니다.

학부모의 염원이 이루어지는 경남 유아교육

기관 유형을 넘어선 질 높은 교육 환경이 필요합니다. 학부모님들의 바람은 단순명료합니다. 내 아이가 어떤 기관에 다니든 차별 없이, 전문성을 갖춘 교사에게 양질의 교육을 받는 것! 즉 유아교육 그 자체의 질입니다. 이것은 앞서 언급된 전문성 있는 관리자의 지도, 놀이 중심 교육과정의 충실한 운영과 같은 요소들로 구체화됩니다.

경남 유아교육은 이러한 학부모님들의 근본적인 염원에 응답해야 하며, 모든 아이에게 최상의 교육 경험을 제공하는 것을 목표로 삼아야 합니다.

경남 유아교육의 현주소: 구조적 문제와 현장의 딜레마

유아 중심의 비전에도 불구하고 경남 유아교육 현장은 여러 구조적 문제와 운영상의 딜레마에 직면해 있습니다. 교육청 행정 시스템부터 현장의 교직원 근무 여건, 공·사립 간의 갈등에 이르기까지, 아이들의 건강한 성장을 가로막는 문제점들을 면밀히 진단해야 합니다.

유아교육 행정시스템의 문제

경남의 많은 병설유치원에서 유아교육 전공자가 아닌 초등학교 교감이 원감을 겸임하는 안타까운 현실이 지속되고 있습니다. 유치원의 교육과정은 교과서가 아닌 유아가 발현하는 '놀이'가 중심입니다. 유아교육은 자연과 생활 속에서 천천히 이루어져야 하는 것입니다.

이는 교과 중심으로 운영되는 초등 교육과정과 근본적으로 다릅니다. 그럼에도 불구하고 유아교육 전문가가 없는 관리 체계는 교육의 질 저하로 이어질 수밖에 없습니다. 유아교육 현장에서는 "경상남도교육청 산하에는 유아가 없다.”는 자조 섞인 비판까지 나올 정도입니다. 경남교육 시스템에서 유아교육이 소외되고 있다는 뜻입니다.

이것은 경남교육청 내 조직구조만 봐도 알 수 있습니다. 현재 유아교육과 특수교육이 ‘유아특수교육과’라는 하나의 과로 묶여 있습니다. 유아특수교육 담당과장의 전공 분야에 따라 유아교육이나 특수교육, 둘 중 하나의 전문성이 부족해질 수밖에 없습니다.

이는 특수담당 부서가 마땅히 갈 곳이 없어 유아교육 부서와 통합된 결과입니다. 독립된 과(科) 설립을 위한 최소 담당 수를 채우지 못하는 유아교육 행정의 낮은 위상을 보여주는 단적인 예이기도 합니다. 따라서 유아교육 전문가가 유아 행정 라인을 책임지는 전문직 라인 구축이 시급합니다.

현행 유아교육법상 원감 배치 기준은 ‘3학급 이상 일정 유아 수를 충족하는 것’입니다. 하지만 많은 병설유치원이 이 기준을 충족하지 못해 전담 원감 대신 겸임 원감을 배치할 수밖에 없는 실정입니다. 이는 법적 기준과 현장의 필요성 간의 괴리를 보여주며, 제도 개선의 필요성을 시사합니다.

초·중·고 학생들을 위한 위기대응시스템(Wee센터)은 교육지원청별로 마련되어 있으나, 정작 아동학대나 정서불안 등 위기 상황에 취약한 유아들을 위한 전문적인 컨트롤 타워는 부재한 상황입니다. 유아교육법상 진흥원 역할을 하는 유아교육원이 본연의 컨트롤 타워 기능을 수행해야 하지만, 현재는 그 역할을 수행하는 데 많은 어려움을 겪고 있습니다. 이를 해결하기 위해 교육지원청에 유아교육 전공 상담 인력이나 전문 장학사를 배치하는 등의 실질적인 대응책이 필요합니다.

현장의 딜레마: 장시간 돌봄의 역설

맞벌이 가정 증가로 인해 아침 7시 반부터 저녁 7시 반까지, 하루 12시간 이상 유치원에 머무르는 유아들이 많습니다. 이는 아이들의 정서적 안정에 부정적인 영향을 미칠 수 있으며, 극단적으로는 '정서적 학대'에 해당할 수 있다는 심각한 우려가 제기됩니다.

실제로 장시간 기관에 머무는 아이들에게서 정서 불안이나 문제 행동이 더 많이 관찰된다는 현장의 목소리가 있습니다. 현장 교사들은 "아무리 교사가 잘해줘도 아이들은 부모를 원하며, (부모와 지내는 시간이 충분한 아이들과 부족한 아이들은) 느껴지는 '기(氣)'가 다르다."고 증언합니다. 이는 최소 예산으로 최대 효과를 내려는 국가 정책의 이면에 가려진 어두운 단면일 수 있습니다. 아이들을 건강하게 양육해야 할 국가의 책무를 방임하는 것이라고 볼 수도 있습니다.

유치원은 초·중·고와 달리 방학 중에도 방과 후 과정을 운영하며 아이들이 등원하는 경우가 대부분입니다. 하지만 교사들은 법적으로 연수(41조 연수)가 보장되어 방학 중 근무를 강제하기 어렵고, 이는 정규직인 '영양 교사'와 공무직인 '영양사'의 근무 여부 차이, 조리 종사원, 보건교사 등 다른 교직원들의 방학 중 근무 문제로 연쇄적인 갈등을 유발하고 있습니다. 특히 아이들의 안전과 직결되는 보건교사의 부재는 "교사도 안 나오는데 우리는 왜 나와야 하느냐"는 형평성 문제와 맞물려 현장의 심각한 문제로 대두되고 있습니다.

유보통합 추진 초기, 어린이집 관계자들은 행·재정적 지원의 상향평준화와 신분상의 변화를 기대하며 강하게 찬성했습니다. 하지만 현실적으로 그것이 어렵다는 것이 명확해지자 현재는 유보통합에 대한 입장이 달라졌습니다. 이러한 이해관계 충돌은 '아이 중심' 이라는 통합의 대의를 가리는 큰 걸림돌이 되고 있습니다.

급·간식 제공을 둘러싼 갈등 심화

유치원 교육과정에는 급식과 방과후 과정 속의 간식이 모두 포함되어 있지만, 조리 종사원들은 초중등교육법을 근거로 급식 외 방과후 과정 간식 제공은 '교육 활동'이 아니라며 거부하는 사례가 발생하고 있습니다. 이로 인해 전국적으로 간식을 외주화하는 흐름이 나타나고 있으며, 조리되지 않은 외부 음식으로 인한 식품 안전성 문제가 우려되는 상황입니다. 경남은 현재 간식을 제공하고 있지만 일부 단설 유치원에서는 이미 갈등이 표면화되고 있습니다. 병설유치원 및 일부 단설유치원의 경우 방학 중 급·간식 제공 문제는 더욱 심각하여 외부 음식으로 대체하는 임시방편에 의존하고 있습니다.

교육의 질 저하 우려

질 높은 유아교육을 위해서는 학급당 유아 수 감축이 필수적입니다. 하지만 유아의 수가 수입과 직결되는 사립 유치원의 강한 반대 때문에 쉽사리 추진되지 못하고 있습니다.

공립과 사립의 학급당 유아 수가 다른 기형적인 구조는(공립 만 5세 21명, 만 4세 19명, 만 3세 16명 수준) 학부모 민원의 원인이 되기도 합니다. 유아의 관찰자, 지원자, 놀이참여자의 역할까지 수행하는 교사의 입장에서, 교사 대 유아의 비율은 교육의 질 저하에도 영향을 미치고 있습니다.

재정적 과제와 공·사립 불균형

유보통합이 성공적으로 안착하기 위해서는 막대한 재정 투입이 필요합니다. 어린이집을 관할하는 도청 및 시청의 업무까지 교육청이 모두 이관받아야 하기 때문입니다. 하지만 최근 국가 예산, 특히 유·초·중등 교육 예산이 감축되는 상황에서, 과거처럼 사립 기관에 재정 지원을 확대하는 방식은 한계에 부딪힐 수 있습니다. 안정적인 재정 확보 방안 마련이 시급합니다.

또한 설립된 지 30~40년 이상 경과한 사립 유치원들의 시설 노후화가 심각합니다. 그러나 사립은 공립과 달리 시설개선 비용을 전적으로 개인이 부담해야 하는 실정입니다. 하지만 현재로서는 노후시설 개선을 위한 자금 적립조차 허용되지 않고 있습니다. 안전한 교육 환경 조성을 위해 공립처럼 노후환경 개선 비용을 지원하거나, 장기수선충당금 적립을 허용하는 등의 제도적 지원 방안 마련이 필요합니다.

뿐만 아니라 사립 유치원이 소유한 유치원 외의 시설에 대한 자산을 교육 활동에 활용할 경우에 가치를 제대로 인정받지 못하고 있다는 불만이 제기됩니다. 이것은 20년 전부터 제기된 해묵은 과제입니다.

유치원이 교육적 목적으로 외부 기관을 이용하면 당연히 비용을 지불합니다. 따라서 사립유치원이 보유한 외부 자산을 교육적으로 활용하는 경우에도 비용 처리가 될 수 있도록, 세심하고 합리적인 제도 개선을 모색해야 합니다.

미래를 위한 약속:
전문성, 공공성, 상생의 길

앞서 진단한 경남 유아교육의 구조적 문제와 현장의 딜레마를 해결하고, 모든 아이가 행복하게 성장하며 교사가 보람을 느끼고 학부모가 신뢰하는 유아교육 시스템을 만들기 위하여, 다음과 같은 구체적인 약속과 청사진을 제시합니다.

유아교육 전문 행정 체계 구축

유아교육의 전문성과 위상을 바로 세워야 합니다. 현재의 '유아특수교육과'를 '유아교육과'와 '특수교육과'로 분리 독립시켜, 각 분야의 전문성을 강화해야 합니다.

유아교육을 전공한 전문가가 오롯이 유아교육에만 전념할 수 있도록 전문 행정 라인을 구축하고, 유보통합 이후 기존 도청·시청에서 이관될 업무와 늘어날 행정 수요에 대비하여 장학, 인사, 교육과정(방과후), 지원 담당 조직을 체계적으로 갖춰야 합니다.

병설유치원 원감 겸임 문제를 해결하기 위해 유아교육법상의 원감 배치 기준을 현실화하고, 기준 미충족 시에도 유아교육 전문성을 갖춘 인력이 배치될 수 있는 방안을 강구해야 합니다. 유치원의 놀이 중심, 유아 중심 교육과정의 특수성을 이해하지 못하는 관리자는 교육의 질을 담보할 수 없습니다. 유치원 관리자(겸임 원장, 원감) 대상 전문성 강화 연수를 의무화하여 교육과정 이해도를 높여야 합니다.

유아 대상 아동학대, 폭력 등 위기 상황에 신속하고 전문적으로 대응하는 시스템을 만들어야 합니다. 초·중·고와 달리 유아 영역에는 위기 대응 시스템이 부재합니다. 유아교육법상 진흥원 역할을 하는 유아교육원이 컨트롤 타워 역할을 실질적으로 수행하도록 기능을 재정립하고, 각 교육지원청 Wee센터에 유아 상담 및 지원이 가능한 유아 전공 전문 장학사를 배치하여 현장 밀착 지원 체계를 구축해야 합니다.

현장 중심의 돌봄시스템 혁신

아이들의 정서 안정을 위해 과도한 장시간 보육 문제를 개선해야 합니다. 아침 7시 반부터 저녁 7시 반까지, 12시간 이상 기관에 머무는 것은 아이들에게 정서적 학대가 될 수 있습니다. 이는 최소 예산으로 최대 효과를 내려는 국가 정책의 이면일 수 있습니다. 밀양시와 교육청이 협력한 '지역 책임형 돌봄모델'처럼, 유아들도 지자체 및 지역사회와 연계한 공동체 돌봄 모델을 확산시키고 적극 지원해야 합니다. 국가가 아이를 키우는 의무를 다하도록 시스템 개선을 촉구해야 합니다.

방학 중 급식·간식 제공, 교직원 근무 여건 등 현장의 첨예한 갈등을 더 이상 방치하지 않아야 합니다. 간식 제공을 둘러싼 조리 종사원과의 갈등, 방학 중 근무를 둘러싼 영양(교)사, 보건교사 등과의 갈등은 법적 근거와 현장의 목소리를 종합적으로 고려하여 모두가 수용할 수 있는 합리적인 운영 기준과 지원 방안을 마련해야 합니다.

아이들에게 보다 세심한 교육 환경을 제공하기 위해 학급당 유아 수 감축을 위한 중장기 로드맵을 수립해야 합니다. 특히 공립은 정원 감축을 원하고 사립은 반대하는 입장 차이를 합리적으로 조정하며 단계적으로 추진해 나가야 합니다.

유보통합의 성공적인 연착륙을 위하여

유보통합 과정에서 발생할 수 있는 기관 간 이해관계 충돌을 최소화하고, 오직 '아이 중심'이라는 원칙 아래 지속적인 소통과 협의를 통해 합리적인 통합 방안을 모색해야 합니다. 어린이집 관계자들이 가졌던 상향평준화 기대와 현실적 괴리를 해소하기 위한 노력도 병행해야 합니다.

유보통합에 필요한 안정적인 재정 확보 방안을 중앙정부 및 지자체와 긴밀히 협의하고, 확보된 예산이 투명하고 효율적으로 집행될 수 있는 지원 시스템을 구축해야 합니다.

사립 유치원의 안전한 교육 환경 조성을 도와야 합니다. 모든 시설은 30년 이상 지나면 노후화 문제가 발생합니다. 이를 해결하기 위해 장기수선충당금 적립을 허용하고 노후 시설 개선을 위한 재정 지원 방안을 제도화해야 합니다.

또한 유치원이 보유한 자산을 교육 활동에 활용하는 경우, 그 가치를 인정하고 합리적으로 지원하는 방안을 적극 검토해야 합니다. 이는 외부 현장학습 시 비용을 지불하는 유치원과의 형평성을 고려한 요구이며, 20년 전부터 제기된 문제입니다. 물론 발생 가능한 부작용과 예산 문제도 신중히 고려해야 합니다.

공립 단설 유치원 설립은 지역 균형 발전과 유아의 교육받을 권리 보장이라는 원칙 아래 추진되어야 합니다. 구도심이나 농어촌 등에 사립 유치원이 부족하여 교육의 기회를 박탈당하는 일이 없도록, 지역의 필요와 수요에 기반한 공립 단설 유치원 확충에 힘써야 합니다.

유아교육과 부모교육

건강한 가정은 건강한 사회의 기초이며, 이는 올바른 부모 역할에서 시작됩니다. 중·고등학교 교육과정 내에 '부모 교육'을 도입하여 엄마, 아빠, 조부모, 이웃 등 가족 구성원과의 관계 형성 능력을 포함한 예비 부모로서의 책임감과 역량을 길러줘야 합니다.

중고교에서 이러한 교육을 받지 못하고 부모가 된 이들을 위한 교육은 빠를수록 좋습니다. 늦어도 자녀가 유치원에 다닐 때부터 시작하는 것이 효과적이며 유아교육 현장에서도 그렇게 이야기하고 있습니다.

현재 유치원 단계에서 이루어지는 부모 교육을 더욱 내실화하고 재정적으로 뒷받침해줘야 합니다. 이를 통해 부모들이 자녀 양육에 대한 실질적인 도움을 받고, 교육 공동체의 일원으로서 성장할 수 있도록 도와야 합니다.

경남 유아교육, 새로운 희망을 향하여

경남의 유아교육 혁신은 경남교육 전체를 혁신하는 출발점이자 심장이 되어야 합니다. 아이들의 첫 배움이 시작되는 이곳에서부터 교육의 본질을 바로 세울 때, 비로소 초·중·고 교육으로 이어지는 건강한 성장의 토대를 마련할 수 있습니다.

앞에서 말씀드렸듯이 유아교육의 전문성이 존중받지 못하는 경우가 많습니다. 유치원 교육과정을 모르는 초등학교 교감이 병설유치원 원감을 겸임하거나, 교육청 내 조직이 유아특수교육과로 통합되어 운영되고 있는 것이 대표적인 예입니다.

행정 편의주의나 예산 효율성의 논리에 교육적 필요가 무시되는 경우도 적지 않습니다. 하루 12시간 넘는 장시간 보육의 정서적 문제, 위기 상황 대응 시스템 부재 등이 대표적입니다.

간식 제공 관련 갈등 및 방학 중 근무 갈등, 공·사립유치원 간의 학급당 유아 수 차이 및 지원 불균형 등의 유아교육 현장의 목소리도 외면받아 왔습니다.

이제는 바뀌어야 합니다.

전문성과 공공성을 바탕으로 상생하는 경남 유아교육

이제 경남 유아교육은 '전문성', '공공성', '상생'이라는 세 기둥 위에 바로 서야 합니다. 교육청 조직 개편과 전문 관리자 확보를 통해 행정의 전문성을 높이고, 아이들의 안전과 위기 상황에 신속히 대응하는 촘촘한 시스템(유아교육원 중심의 컨트롤 타워 및 교육지원청 전문 인력 배치 등)을 구축해야 합니다. 현장의 갈등을 적극적으로 조정하고, 공·사립이 서로 존중하며 함께 발전하는 상생의 모델(사립 시설 개선 지원 및 자산 활용 인정, 필요 기반의 공립 단설 확충)을 만들어야 합니다.

이 모든 변화의 중심에는 이 책의 핵심 가치인 '배움과 성장, 이야기' 가 자리해야 합니다. 유아기는 교과서 지식이 아닌 놀이를 통해 세상을 배우고 '스스로 질문하는 힘'(배움)이 싹트는 시기이며, '불편함을 통과하며'(성장) 세상을 알아가는 걸음마를 떼는 시기입니다.

음악이든 미술이든 운동이든, 아이들의 빛나는 재능이 가장 먼저 발견되는 이 결정적 시기에, 아이 한 명 한 명의 고유한 '이야기'가 존중받고, 그 이야기가 교사와 부모, 공동체의 지지 속에서 풍성하게 자라날 수 있는 환경을 만들어야 합니다.

모든 아이가 차별 없이 행복하게 배우고, 모든 교사가 자부심과 보람을 느끼며, 모든 학부모가 안심하고 신뢰할 수 있는 유아교육. 이것이 제가 꿈꾸는 경남 유아교육의 미래이며, 반드시 실현해야 할 약속입니다. 경남의 아이들이 가장 빛나는 첫걸음을 내디딜 수 있도록, 모든 지혜와 역량을 쏟아나가야 하겠습니다.

2부
배움과 성장, 이야기가 있는 경남교육

"
1장.
배움:
스스로 질문하는 힘
"

배움의 새로운 정의:
지식을 넘어 삶의 의미로

모든 배움의 시작, 문해력

학교의 존재 이유는 '배움'에 있습니다. 그리고 모든 진정한 배움은 '문해력(文解力)'이라는 기초 체력 위에서만 바로 설 수 있습니다. 저는 경남교육의 학력 문제를 해결할 가장 근본적인 처방이 바로 이 문해력 향상에 있다고 확신합니다. 만약 우리가 학생들의 문해력만이라도 제대로 향상시킬 수 있다면, 경남 전체 학생들의 평균 등급을 1~2등급 이상 끌어올리는 것도 결코 과장된 목표가 아닐 것입니다. 문해력은 단순히 글을 읽는 능력을 넘어 교과서의 개념을 이해하고, 문제의 의도를 파악하며, 자신의 생각을 논리적으로 표현하는 모든 학습 과정의 핵심이기 때문입니다.

하지만 지금의 공교육 시스템은 문해력 교육을 사실상 방치하고 있습니다. "국가도 포기했다"는 자조 섞인 말이 나올 정도입니다. 문해력의 중요성은 구호로만 외칠 뿐이고 실질적인 교육은 이루어지지 않고 있는 것입니다.

무너진 문해력을 다시 세우기 위해서는 두 가지 교육이 반드시 필요합니다.

첫째, '독서 교육'입니다. 독서는 문해력을 기르는 가장 확실하고 유일한 왕도(王道)입니다.

둘째, 한자 교육입니다. 우리말 어휘는 70% 이상이 한자어로 이루어져 있습니다. 한자를 모르면 단어의 의미를 피상적으로만 이해할 뿐, 그 깊은 뜻과 뉘앙스를 정확히 파악하기 어렵습니다. 한자를 배우면 어휘력과 사고력을 근본부터 다질 수 있습니다.

제가 말씀드리는 것은 '한자 공부를 위한 한자 공부'가 아닙니다. 우리말을 더 쉽고 깊게 이해할 수 있도록 추상어, 개념어를 좀 더 쉽고 구조적으로 배워보자는 것입니다.

배움의 새로운 정의: 지식을 넘어 삶의 의미로

문해력이라는 토대가 갖추어지면 AI 시대를 살아갈 학생들에게 필요한 배움이 무엇인지 근본적으로 다시 정의해야 합니다.

지금까지의 학교는 배움을 단순히 '지식의 축적'으로만 이해해 왔습니다. 이 전통적 관점에서 교사는 지식을 일방적으로 전수하고, 학생은 그것을 수동적으로 받아들이는 존재였습니다.

하지만 AI 시대에 맞춰 배움의 정의는 근본적으로 바뀌어야 합니다. 미래 교육의 핵심 트렌드는 AI로 데이터를 분석하여 학생 개개인의 특성, 성취도, 학습 패턴에 맞춘 '초개인화 학습(Hyper-Personalization)'을 제공하는 것입니다. AI는 학생 한 명 한 명에 대한 정보를 바탕으로 학습 경로를 설계할 수 있기 때문에 과거에는 불가능했던 개별화된 학습이 가능합니다.

진정한 배움은 단순히 '아는 것(知)'을 넘어 '이해하고 연결하는 힘'입니다. 미래의 '앎'은 정해진 지식의 암기가 아니라 '지식을 활용한 문제 해결과 가치 창조'가 되어야 합니다. 이는 지식의 습득에서 의미의 생성으로의 전환을 뜻합니다.

앞으로의 학교는 정답이 아니라 질문하는 법을 알려주는 곳이 되어야 합니다. "무엇을 묻고, 왜 그것을 묻는가?"를 학생 스스로 질문하고, 자신의 속도와 관심사에 맞게 그 질문을 해결해 나가는 혁신 공간이 되어야 하는 것입니다. 진정한 배움은 정답이 아니라 위대한 질문에서 시작되니까요. 따라서 '칸 랩 스쿨(Khan Lab School)'이 좋은 사례가 되어줄 것입니다.

배움의 본질: 자신과 세계를 이해하는 과정

새로운 배움은 교실이라는 좁은 공간을 넘어 학생의 삶과 지역사회 전체로 확장될 때 비로소 완성됩니다. 배움은 '지식에서 의미로', '교과에서 삶으로', 그리고 '개인에서 공동체로' 확장되어야 합니다.

이는 '연결적 배움(Connected Learning)'을 통해 구체화됩니다. 배움은 교과를 넘어 AI, 기후 위기, 인권 등 세계의 복합적 문제와 이어져야 하며, 학생들은 배운 지식을 실제 삶의 맥락 속에서 적용하고 사회적 의미를 발견해야 합니다.

이와 같이 배움은 교실의 한계를 넘어 삶의 현장으로 확장되어야 합니다. 학교는 마을 안에 고립된 섬이 아니라 마을 사람들이 함께 배우는 광장이자 항구가 되어야 합니다.

배움은 더 이상 교실 안에서만 일어나는 정적인 현상이 되어선 안 됨니다. 그것은 학생, 교사, 학교, 지역사회가 함께 세계를 이해하고 스스로 변화를 만들어가는 '생태적 행위(ecological act)'가 되어야 합니다.

배움의 본질은 지식의 습득과 더불어 세계를 이해하고 자신을 새롭게 해석하는 과정 그 자체입니다. 이는 지식 축적이라는 단순한 학습을 넘어선 지속적인 '자기갱신(Self-Renewal)'의 과정입니다.

배움의 주체:
함께 성장하는 학습 공동체

학생의 배움: 스스로 질문하는 '의미 창조자'

앞에서 말씀드렸듯이 배움의 본질은 지식의 습득이 아닙니다. 학생이 스스로 질문을 만들고 의미를 재구성하여, 궁극적으로 성취를 넘어선 변화(Transformation)를 이루는 것입니다.

따라서 미래의 학교는 학생이 질문을 만들어내는 법을 배우는 곳이어야 합니다. AI가 인간보다 더 빠르고 정확하게 정답을 제공하는 시대가 시작되었기 때문입니다. 이제 우리는 "무엇을 묻고, 왜 그것을 묻는가?"를 깊이 생각해봐야 합니다. 그것이 바로 인간만이 할 수 있는 배움이기 때문입니다.

이는 '액튼 아카데미(Acton Academy)'나 '아고라 스쿨(Agora School)'과 같은 혁신 모델에서 증명되고 있습니다. 이 학교들은 정해진 커리큘럼을 따르는 대신 학생 스스로가 학습 경로를 설계하게 합니다. 그리고 그렇게 선택한 프로젝트를 통해 배움을 얻게 됩니다. 학생이 배움의 주인이 되는 셈입니다.

미래의 학생은 의미를 만들어내는 사람, 세상과 자신을 연결하며 살아가는 학습 시민(Learning Citizen)으로 성장해야 합니다.

교사의 배움: '배움을 설계하는 전문가'

교사는 단순한 교과 전문가를 넘어 학생의 학습 경험을 설계하고 조율하는 러닝 디자이너(Learning Designer)가 되어야 합니다. 교사는 '무엇을 가르칠까?'보다 '어떻게 함께 배울까?'를 설계해야 합니다. 그래야만 학생들이 AI 시대에 걸맞은 학습자로 거듭날 수 있습니다.

특히 AI 기반 학습 환경에서는 AI 시스템이 제공하는 방대한 데이터를 해석하여 교육적 판단을 내리고, 이를 바탕으로 개별 학생에게 최적화된 학습 여정을 설계하고 안내하는 역량이 중요합니다.

전문성의 변화: '함께 질문하는 사람'

AI 시대는 교사의 '전문성'을 근본적으로 재정의합니다. 교사는 더 이상 '답을 가진 사람'이 아니라, 학생과 함께 '더 나은 질문을 만들어가는 사람'이 되어야 합니다. 미래 교사의 성장은 단순히 전문 지식을 축적하는 것이 아니라, 예측 불가능한 불확실성을 다루는 힘에서 비롯될 것입니다.

이를 위해 미래의 교사는 학습 설계력, 피드백 문해력, 관계 조정력을 핵심 역량으로 갖춰야 합니다. 이 역량들이야말로 학생의 자기주도성을 이끌어내는 진정한 토대입니다.

AI는 방대한 지식을 빠르고 정확하게 제공할 수 있습니다. 하지만 학생 개개인의 고유한 맥락을 읽고 그 마음을 이해하는 인간 교사의 통찰력은 결코 AI가 대체할 수 없습니다.

따라서 경남의 교사는 기술에 종속되지 않고 전문성과 열정을 갖춘 '학습자형 교사'로 끊임없이 성장해야 합니다. 또한 AI 시스템이 제공하는 데이터를 해석하여 교육적 판단을 내리고, 학생들이 AI를 윤리적이고 비판적으로 활용하도록 지도해야 합니다.

이를 위해서는 교사들의 디지털 기술 활용 교수 역량을 강화하는 것이 시급합니다.

공동체(시민)의 배움: 함께 책임지는 '학습 사회'

배움은 학교 담장을 넘어 지역 공동체 전체로 확장되어야 하며, 이를 위해서는 무너진 신뢰를 회복하고 학부모가 교육의 책임 있는 파트너로 참여해야 합니다.

또한 미래사회는 모두가 배우는 사회(Learning Society)가 되어야 합니다. 학생만 배우는 시대는 끝났습니다. 교사, 학부모, 시민 모두가 변화의 속도에 맞추어 끊임없이 배워야 합니다.

지역의 성장과 학부모의 역할

학교가 배움의 중심이 되고 학생의 탐구가 지역의 문제와 만날 때, 지역은 학생을 통해 스스로 배우는 공동체가 됩니다. 학교는 지역사회 학습 생태계의 허브가 되어야 합니다.

학부모 또한 '성적의 소비자'가 아니라, 학교의 교육과정을 함께 설계하고 이해하는 교육 시민(Educational Citizen)으로서의 역할을 해야 합니다. 학생의 인성, 학교폭력, 학업성취 등에서 가정의 영향력이 지대하기 때문입니다. 따라서 가정교육의 책임자이자 학교교육의 협력자로서, 학부모의 역할과 책무가 강화될 필요가 있습니다.

이러한 역할은 배우지 않으면 할 수 없습니다. 아이들을 어떻게 키우는지, 부모로서 어떤 역할을 해야 하는지를 배워야 좋은 부모가 될 수 있습니다. '아빠도 아빠가 처음이라서'라는 책도 있지 않습니까?

그러므로 자녀의 전 생애 주기별 심리사회적 역량 발달과 성장을 위한 학부모 교육과정을 개발해야 합니다. 가장 좋은 것은 이러한 교육을 부모가 되기 전에 받는 것입니다. 사실 부모 교육은 부모가 된 다음에 하면 늦습니다. 부모가 되기 전에 해야 합니다. 좋은 남편이 되는 법, 좋은 아내가 되는 법, 좋은 부모가 되는 법을 공교육에 포함시킬 필요가 있습니다.

배움의 대상: 교과서를 넘어 삶의 문제로

사실의 암기에서 의미의 형성으로

미래의 배움의 목적은 지식의 습득이 아닙니다. 그 지식을 바탕으로 자신만의 관점을 형성하는 것이 진짜 목적입니다.

과거에는 지식의 양이 중요했지만 앞으로는 타인 및 세계와 관계 맺는 방식이 중요해질 것입니다. 정보가 넘쳐나는 시대에는 많이 아는 것보다 '어떻게 해석하고 선택할 것인가?'가 더 중요해집니다.

따라서 배움의 목적은 객관적 사실을 바탕으로 의미(Meaning)를 형성하는 것이 되어야 합니다. 학생이 세상을 바라보는 자신만의 관점과 언어를 가지는 것, 그것이 진짜 배움이고 성장입니다.

진정한 배움은 아는 것을 이해하고 연결하는 힘을 갖추는 것입니다. 지식이 의미로 확장될 때 배움은 완성됩니다. 하지만 교육 현장에는 단순한 개념조차 이해하거나 설명하기 힘들어하는 학생이 많습니다. 그저 시험을 위해 개념을 외울 뿐, 그 단어가 가진 맥락을 파악하지 못하는 것입니다.

교과에서 삶으로: 교과는 '세상을 읽는 다양한 언어'

이 문제를 해결하기 위해서는 교과목을 '암기해야 할 대상'이 아니라, 학생이 '실제 삶과 세상을 이해하기 위한 도구'로 재해석해야 합니다.

예를 들어 국어는 단순히 말과 글을 익히는 데 그치지 않고, 타인을 이해하고 공감하는 기술로 재정의되어야 합니다. 과학은 교과서 속 지식과 공식을 암기하는 것을 넘어 세상과의 관계를 탐구하는 과정으로, 사회는 연표 속의 사실을 넘어 함께 살아가는 공동체의 의미를 배우는 일로 재해석되어야 합니다.

배움은 교과서의 울타리를 넘어 실제 세계와 이어져야 합니다. 이를 위해 인문교양교육(Liberal Arts)을 강화하여 학생들이 사회적 책임감을 키우고 개인적 성장을 이룰 수 있는 기회를 제공해야 합니다.

이는 결코 현장과 동떨어진 이야기가 아닙니다. 조사에 따르면 국민들은 초·중·고등학교 교육에서 가장 중요한 것으로 사회성·인간관계(23.7%)를 꼽았으며, 그다음으로 도덕성(14.1%), 기본생활습관(13.7%) 순이었습니다. 도덕과 윤리, 공동체 교육의 중요성에 대한 사회적 인식이 매우 높다는 뜻입니다.

정답에서 문제로:
현실의 복합적인 문제를 중심으로 구성되는 PBL

미래의 교육은 교과서의 선형적인 흐름을 따르는 대신, 실제 세계의 복합적인 문제를 해결하는 탐구 과정 자체를 중심으로 구성되어야 합니다.

따라서 학생이 문제를 정의하고 협력과 탐구를 통해 해결의 실마리를 찾아가는 문제해결형 배움(PBL)을 확대해야 합니다.

나아가 '심층 프로젝트 기반 학습(Deep PBL)'이 중심 방법론이 되어야 합니다. 이는 실제 세계의 복잡한 문제를 해결하는 과정(퀘스트)에서 깊이 있는 지식 습득과 핵심 역량을 동시에 개발하는 방식입니다.

실제 세계의 문제를 해결하기 위해서는 학교와 세계 사이의 벽을 허물어야 합니다. '하이텍 하이(High Tech High)'가 학생들로 하여금 지역사회의 실제 문제를 탐구하고 해결하게 하듯, 지역사회 문제 해결, 전문가 멘토링, 인턴십 등을 통해 의미 있는 학습을 경험하게 해줘야 합니다. '빅 픽처 러닝(Big Picture Learning)' 모델처럼 학생들이 교실을 벗어나 실제 직업 현장에서 전문가 멘토들과 함께 배우는 현장 기반 인턴십(LTI)을 통해, 실무 역량과 자기 주도성을 키우는 방식도 적극 도입해야 합니다.

AI 시대에 필요한 것은 AI에게 어떤 프로그램을 만들라고 명령할지 상상하는 법, 즉 비판적 사고, 창의성, 협업 능력 등 고차원적 인간 고유 역량을 키우는 데 집중하는 것입니다.

배움의 새로운 형태: 연결, 탐구, 성찰, 창조

미래의 학생은 지식을 암기하는 사람이 아니라 세상을 이해하고 자신만의 의미를 재구성하는 사람으로 성장해야 합니다. 그 어떤 사람도 인공지능보다 많은 것을 알지는 못하기 때문입니다.

이를 위해 배움은 피상적인 '체험'을 넘어서야 합니다. 진정한 '경험'은 도전과 실패, 성찰을 통해 변화하는 과정이기 때문입니다. 현재 학교에서 제공되는 안전하고 예측 가능한 '체험' 활동만으로는 깊이 있는 배움과 성장이 어렵습니다.

'경험을 통한 배움'의 핵심은 다음과 같습니다.

연결적 배움 (Connected Learning): 교실 너머 세상과의 만남

배움은 교과서를 넘어 AI, 기후, 인권, 지속가능성 등 실제 세계의 복합적 문제와 이어져야 합니다. 학생이 배운 지식을 실제 맥락에 적용하고 사회적 의미를 발견하는 학습이 필요합니다. 이는 단순한 통합교과 학습이 아닙니다. 세상을 읽는 사고의 혁신입니다.

학교는 마을과 분리된 섬이 아니라 탁 트인 광장이 되어야 합니다. 물리적인 담장을 허물거나 아무나 막 들어오게 하자는 이야기가 아닙니다. 학생의 프로젝트가 교실 안에서 끝나지 않고 마을·기업·대학·기관과 연결되어 실제 문제를 해결하는 리빙랩(Living Lab) 등으로 확장되어야 한다는 뜻입니다.

탐구적 배움 (Inquiry-Based Learning): 질문으로 길어 올리는 지혜

미래의 교실은 교사의 일방적인 설명보다 학생의 탐구가 중심이 되는 구조로 전환되어야 합니다. 학생은 수업의 수동적인 관찰자를 벗어나 학습의 능동적인 실험자가 되어야 합니다.

'Synthesis School'의 사례는 이러한 탐구적 배움의 미래를 보여줍니다. 이 학교는 복잡계 이론을 바탕으로 설계된 시뮬레이션 게임 '에메르고(Emergo)'를 통해 학생들이 도시 계획이나 자원 관리 같은 실제 세계의 복잡한 문제를 간접 체험하고 협력적으로 해결하는 새로운 학습 형태를 제공합니다.

성찰적 배움 (Reflective Learning): 경험을 의미 있는 이야기로

배움의 경험은 반드시 되돌아보는 과정(성찰)을 거쳐야 합니다. 체험은 배움의 시작일 뿐, 성찰을 통해 의미를 부여하는 이야기가 배움의 완성입니다.

학생이 배운 것을 자기 언어로 정리하고 자신의 성장과 한계를 성찰할 때, 배움은 단순한 사건 나열('체험')을 넘어 의미 있는 서사('경험')가 됩니다.

‘성찰 포트폴리오’, ‘학습일지’, ‘피드백 대화’는 이러한 성찰적 배움을 구조화하는 핵심 장치입니다. 성찰 포트폴리오는 학생의 작품과 과제를 시간 흐름에 따라 수집하여 발전 과정을 기록하는 다면적 평가 시스템의 일부가 될 수 있습니다.

성장의 순환 구조(도전 → 피드백 → 성찰 → 회복 → 재도전)에서도 성찰은 자신의 변화를 언어화하고 다음 단계로 나아가는 핵심 행위입니다. 교실 수준에서는 ‘하루 1분 성찰 카드(One Yes, Not Yet)’ 등을 통해 성찰 루틴을 만들 수 있습니다.

창조적 배움 (Creative Learning): AI 시대를 이끄는 가치 창출

AI가 계산과 정보 처리 영역을 맡는 시대에 학생의 배움은 새로운 가치와 관점을 만들어내는 창조성으로 나아가야 합니다.

창의적 배움은 예술이나 발명에 한정되지 않습니다. 문제 해결, 글쓰기, 공동체 기획, 사회적 실천 등 모든 배움의 순간에서 새로움을 시도하고 기존의 틀을 넘어서려는 노력을 허용하는 문화가 필요합니다.

국민들 역시 미래 사회 대응을 위해 학생들에게 창의적 사고 역량을 우선적으로 길러주어야 한다고 인식하고 있습니다.(초·중·고 전반 15.5%, 초등 22.4%, 중학생 24.6%). 창의력은 단단한 지식의 기반 위에서 기존 지식을 새로운 상황에 맞게 재편집하여 문제를 해결하는 능력이며, 이는 훈련을 통해 길러질 수 있습니다.

AI를 도구로 활용하여 창의성을 확장하고 복잡한 문제를 해결하며 새로운 가치를 창출하는 인재, 즉 AI-Proof 인재를 양성하는 것이 미래 교육의 중요한 목표입니다.

연결, 탐구, 성찰, 창조

지금까지 말씀드린 바와 같이 배움은 새로운 형태로 진화하고 있습니다. 그 핵심은 연결과 탐구, 성찰과 창조를 통해 깊이 있는 '경험'을 쌓는 것입니다.

지금까지 말씀드린 것을 표로 정리하면 다음과 같습니다.

핵심 활동	설명	교육 현장 예시
연결 (Connection)	기존 지식과 새로운 경험 연결. 배움의 시작점.	학생이 교과서 내용과 실생활 문제 연계.
탐구 (Exploration)	호기심으로 문제 조사. 질문 주도.	프로젝트 기반 학습, 현장 탐방.
성찰 (Reflection)	경험 되돌아보고 의미 부여. 성장의 증거.	학습 일지 작성, 피드백 세션.
창조 (Creation)	배운 것을 새롭게 창작. 배움의 완성.	아이디어 발표나 작품 제작.

배움의 철학과 생태계: 학교-지역의 순환 구조

진정한 배움이 실현되기 위한 철학적 토대와 생태계를 구축해야 합니다. 지금부터 배움의 책임을 공동체 전체로 확장하고, 학교를 중심으로 지역 사회를 학습 생태계로 연결, 공유, 순환시키는 구체적인 방안을 말씀드리겠습니다.

배움의 철학과 생태계: 학교-지역의 순환 구조

배움은 학생의 권리이자 교사, 학교, 지역사회가 함께 책임져야 할 공동의 과제입니다. 모든 사람에게 보장된 인권이기도 합니다.

교육의 문제는 교육계 내부의 갈등에 그치지 않고 국가 전체에 영향을 줍니다. 반대로 교육이 바로서면 저출생, 지역 소멸, 인재 유출 같은 난제들이 해결될 수도 있습니다.

학교의 역할: 지역사회 학습 생태계의 허브

학교는 더 이상 지역과 단절된 고립된 공간이어서는 안 됩니다. 지역을 배우고 함께 성장하며, 마침내 지역을 변화시키고야 마는 열린 허브(hub)가 되어야 합니다.

이와 같이 학교가 지역의 중심이 될 때, 교육은 '지식의 소비'를 넘어 지역 사회의 재생과 공공성의 회복으로 이어지는 강력한 동력이 될 것입니다.

그러므로 학생 수 감소로 늘어나는 폐교나 소규모 학교를 방치하면 안 됩니다. 지역 커뮤니티 거점으로 활용해 지역 소멸 위기에 대응하는 구심점으로 삼아야 합니다.

지역의 역할과 지역기반 프로젝트

지역사회는 더 이상 학교 교육의 단순한 지원자가 아닙니다. 지역의 교육을 함께 설계하는 파트너이자, 학생의 배움이 삶과 만나는 마당(場)이 되어야 합니다. 즉 살아있는 교과서가 되어야 하는 것입니다.

지역 전문가와 시민이 교육에 참여하는 '마을교사제'는 이 변화의 중요 축입니다. 학생의 배움이 실제 사회 문제 해결로 이어지는 지역 기반 프로젝트(Community Based Learning)는 교과서보다 생생한 학습 경험을 제공할 것입니다.

공공기관과 기업, 대학 역시 배움을 실험하고 확장하는 학습 공간이 되어야 합니다. 지역 어른들은 지역의 문화를 만들고 지키는 존재로서 학생들의 멘토이자 동료 학습자가 되어야 합니다.

학교가 지역사회 배움의 '허브'가 되고 학생들의 탐구가 지역 문제와 만날 때, 비로소 지역은 학생들을 통해 스스로 배우고 성장하는 공동체가 될 것입니다.

연결·공유·순환의 교육 생태계 구축

경남교육이 지향하는 미래형 배움의 구조는 지역사회 전체가 학습하며 변화를 만들어내는 '연결-공유-순환'의 원리로 설계됩니다.

이를 위해 경남을 AI 교육 특구로 만들겠다는 비전이 필요합니다. AI 디지털 교과서 도입을 시범 시행하고 교사 역량을 강화하며 점차 확대해나가야 합니다.

단순히 기자재를 보급하는 것을 넘어 '경남형 AI 미래 학교 모델'을 구축해야 합니다. 모든 학교의 자발적 희망과 선택을 바탕으로 권역별로 하나 정도의 선도 학교를 지정하여 미래 교육의 형태를 먼저 보여주고 확산시키는 허브 역할을 하도록 해야 합니다.

이 모델 학교에서는 AI가 교실 내 학생들의 상호작용을 분석하여 교사에게 피드백을 제공하는 'AI 교실 시뮬레이션 환경'을 도입할 수 있습니다. AI가 학생들의 학습 상태를 모니터링하여 교사가 개입할 지점을 알려주는 조력자 역할을 하는 것입니다.

나아가 '디지털 트윈(Digital Twin)' 기술을 도입하여 학생들이 특정 직업이나 전공을 선택했을 때의 미래를 충분히 시뮬레이션해 볼 수 있는 AI 플랫폼을 구축하는 것도 중요합니다.

연결 (Connected Learning)

학교, 지역사회, 기업, 대학이 협력해 학습 생태계를 구성해야 합니다. 지역 기반 프로젝트, 마을교사제, 리빙랩 활성화 등이 방법이자 사례가 될 수 있습니다. 예를 들어 리빙랩(Living Lab)은 학생들이 마을과 기업,

대학, 기관 등과 연결되어 실제 문제를 해결하는 프로젝트입니다.

교육은 교육계만의 문제가 아닙니다. 지자체, 기업, 노동, 문화 등 지역사회와의 긴밀한 협력이 필수입니다. 특히 지역 기업의 사회적 기여를 유도해 현장 실습 및 인턴십 통로를 만들어야 합니다. 지역 기업과 밀착된 산학협력 시스템도 필요합니다.

물론 기업에게 떠넘기는 식이 되면 곤란합니다. 세제혜택과 같은 실질적인 메리트를 적극 검토해야 합니다. 다만 이것은 중앙정부나 지자체의 협조가 필요합니다. 그러므로 지역에서 교육에 전념해온 분들보다, 오랜 교육행정 경험과 넓은 인맥, 국제적 감각을 보유한 인재가 더 잘할 수 있습니다.

지자체와의 협력도 필수적입니다. 지역 교육 발전을 위해 경남도청과 경남교육청이 함께 움직여야 합니다. 일반행정과 교육행정 간의 연계와 협력 거버넌스 개편이 요구됩니다.

이와 같이 지역의 기업과 대학, 지자체, 시민사회가 연계하고 협력하여 지역 인재 육성 생태계를 조성해야 합니다. 글로컬 대학과 기회발전특구를 연계해 '교육 → 일자리 → 지역 정주'의 선순환 구조를 구축해야 합니다.

공유 (Sharing)

미래 교육 생태계의 핵심은 배움과 이야기를 공유하는 데 있습니다. 교사, 학생, 시민은 각자의 자리에서 얻은 학습 성과와 경험을 투명하게 개방하고 적극적으로 공유해야 합니다. 이러한 공유는 지식이 특정 개인이나 집단에 갇히지 않고, 공동체 전체의 자산으로 축적되는 과정입니다.

공유를 위한 구체적인 방법으로 '지역교육포럼'이나 온라인 '배움 기록 공유 플랫폼' 등을 활성화할 수 있습니다. 지역교육포럼은 교육 주체들이 직접 만나 성공과 실패의 사례를 나누고 함께 대안을 모색하는 공론의 장이 됩니다. 배움 기록 플랫폼은 학생들의 성장 과정을 데이터로 축적하고 교사들이 우수한 교수법을 나누는 기술적 기반이 됩니다.

나아가 단순한 경험 공유를 넘어, 학교 교육 데이터와 지역사회 데이터를 연계, 분석하는 시스템이 필요합니다. 이를 통해 지역 교육의 현 주소를 진단하는 객관적인 지표를 개발하고, 유의미한 정보가 교육정책 당국과 학교에 공유되는 선순환 구조를 만들어야 합니다.

순환 (Circulation)

경남형 교육 생태계의 세 번째 키워드는 '순환'입니다. 배움의 결과가 지역의 문제를 해결하고 새로운 정책으로 '순환'될 때, 학교는 지역의 변화를 이끄는 엔진이 되고 지역은 학교를 통해 스스로 배우고 성장하는 '순환형 학습사회'로 발전할 수 있습니다.

이처럼 배움이 교과서 안에서 지역의 현장으로, 학생 개인의 성장에서 공동체 전체의 성숙으로 확장될 때 비로소 "배움과 성장, 이야기가 있는 경남교육"이 완성될 수 있습니다. 학교는 지역의 교실이 되고, 지역은 학교의 또 다른 이름이 되는 것입니다.

미래의 배움은 하나의 교실 안에서, 그리고 경남이라는 하나의 지역에서 함께 배우고 성장하며 써 내려가는 공동의 이야기가 되어야 합니다. 경남교육의 진정한 도약은 바로 이 학습 생태계 구축에 달려 있습니다.

2장.
성장:
불편함을 이겨내는 힘

성장의 재발견: 편안함의 항구를 떠나 낯선 바다로

체험의 과잉과 성찰의 부재

행복학교 교실은 언제나 활기찹니다. 아이들은 여럿이 함께 모여 토론하고, 체험하고, 공연합니다. 사진 속의 학생들은 웃고, 교사는 그 웃음을 '성공의 증거'로 기록합니다. 하지만 시간이 지나고 나면 묘한 공허감이 남습니다. 그 수많은 체험 중 무엇이 남았는가? 즐거움은 있었지만 배움의 흔적은 쉽게 찾기 어렵습니다.

행복교육의 본래 의도는 학습의 즐거움을 회복하는 것이었으나, '움직임' 자체가 목적이 되면서 교육은 점차 활동의 과잉으로 기울었습니다. 체험은 많았지만 성찰은 적었습니다. 프로젝트는 넘쳤지만 피드백은 없었습니다. 학생은 "재미있었다"고 말하지만, "무엇을 배웠는가?"라는 질문에는 침묵합니다.

이는 전국적으로 '혁신교육' 흐름이 형식적 체험주의로 변질되었다는 것을 보여줍니다. 심리학자 존 듀이가 말한 것처럼 "경험 그 자체가 아니라, 경험에 대한 반성(reflection)이 진짜 교육"입니다.

그러나 행복학교는 이 반성의 시간을 설계하지 못했습니다. 행사는 많았고 프로젝트는 화려했지만, 그 결과를 함께 읽고, 피드백하고, 다음 목표를 세우는 문화는 부재했습니다.

불편함: 성장의 필수 조건

성장은 안전하고 안락한 울타리 안에서 저절로 자라지 않습니다. 성장은 익숙한 세계의 문턱을 넘어 낯선 세계와 마주하는 불안과 위험, 즉 '불편함'을 견디는 과정에서 비로소 시작됩니다. 성장은 언제나 불편함, 낯섦, 좌절, 그리고 성찰의 경로를 통과합니다.

배움과 성장은 원래 불편한 것입니다. 새로운 개념을 이해할 때의 혼란, 실패를 경험할 때의 좌절, 비교를 통해 스스로를 되돌아보는 불쾌감—이 모든 감정은 배움의 근육을 키우는 자극입니다. 교육의 역할은 위험을 무조건 제거하는 것이 아니라, 학생들이 마주하는 위험(불편함)을 성장의 의미로 바꾸어낼 수 있도록 돕는 것이어야 합니다. 위험은 학생이 안전 구역(comfort zone)을 벗어나는 신호이며, 성장은 그 위험을 감당할 수 있는 내적 힘(Resilience)의 확장 과정입니다. 진짜 배움은 예측 불가능한 영역에서만 가능하며, 이때의 위험은 해로움이 아니라 성장을 자극하는 보약입니다.

행복교육의 역설: 항구를 떠나지 못한 배

행복교육은 한때 교단의 피로와 경쟁의 소음 속에서 따뜻한 숨결처럼 시작됐습니다. 입시와 성적에 지친 학생들, 행정에 묶인 교사들에게 "행복"이라는 말은 구원의 언어였습니다. 학교 현장은 웃음과 체험,

관계와 돌봄으로 가득 찼고, "아이들이 행복해야 진짜 교육"이라는 문장이 슬로건처럼 퍼졌습니다.

하지만 시간이 흐르면서 그 행복은 방향을 잃었습니다. 학생들은 수업이라는 항구 안에서 분주히 움직였지만, 정작 항해를 시작하지 못한 채 같은 자리에서 맴돌았습니다.

행복이라는 이름으로 학생들은 도전의 불편함을 피했고, 성장을 위한 긴장을 잃었습니다. 배움은 여정이 아니라 체험행사로, 성장의 과정이 아니라 소비의 경험으로 변했습니다. 행복을 강조한 교육은 아이들을 편안하게 만들었지만, 그 편안함이 성장의 근육을 약하게 만들었습니다.

편안함의 구조화, 성장의 정체

행복이 교육의 최종 목표가 되자 학교는 '불편함의 제거 시스템'이 되었습니다. 수업이 어렵다고 하면 난이도를 낮추고, 평가가 부담된다고 하면 시험을 없애며, 과제가 많다고 하면 학습의 깊이를 줄였습니다. 그 결과 학생들은 '할 만한 공부'만 하게 되었고, 학교는 성장의 공간이 아니라 갈등이 없는 안전지대로 변질되었습니다.

OECD가 제시한 '학습자 주도성(Student Agency)'은 학생이 자신의 배움을 스스로 설계하고 책임지는 힘을 뜻합니다. 그러나 학생이 편안함에 머무르는 순간 주도성은 사라집니다. 자기주도학습이 아니라 수동적 만족감만 남습니다. 배움은 불편함을 통과해야 주도성이 생기고, 성장은 도전과 실패를 거쳐야 방향을 얻습니다.

학생들을 행복하게 하려는 교육이 오히려 그들을 불행하게 만드는 역설이 발생한 것입니다. 따라서 경남교육은 '행복을 설계하는 교육'이 아니라 '성장을 설계하는 교육'으로 전환해야 합니다.

교사의 자기검열과 교육의 깊이 상실

행복학교의 교실이 편안해진 이면에는 교사의 자기검열이 있습니다. 행복교육은 교사를 '좋은 사람'이 되게 만들었습니다. 하지만 그 따뜻함은 어느 순간 '자기검열의 울타리'가 되었습니다.

교사는 학생에게 불편함을 주는 질문을 피했고, 비판이나 도전적 과제 제시를 스스로 제한했습니다. 아이의 감정이 상할까, 관계가 틀어질까 걱정하며 배움의 긴장을 놓아버린 것입니다. 문제는 교육이 좋은 관계만으로 완성되지 않는다는 것입니다. 교사가 자기검열을 통해 불편함을 회피하면 배움의 에너지는 사라집니다.

'학생 중심'이 지나치게 감정 중심으로 이해되면서, 교사는 전문가로서의 권위보다 관계의 관리자로 후퇴했습니다. 교육의 깊이는 진실을 다루는 용기에서 나오는데, 그 용기가 '관계의 평화'라는 이름으로 봉인된 것입니다. OECD가 꼽은 핵심 역량인 '비판적 사고'는 불편함을 견디는 힘에서 자라지만, 현재의 학교는 그 불편함을 제거하고 있습니다.

행복을 다시 정의하다: 감정이 아닌 의미

지난 10년간 행복교육은 학교를 따뜻하게 만들고자 했지만, '행복'이 감정의 언어로만 남으면서 성장의 불편함을 잃었습니다. 그 편안함 속에서 학생의 문해력은 약해지고 생각의 근육은 퇴화했습니다.

이제 행복을 다시 정의해야 합니다. 행복은 단순한 감정이 아닙니다. 배움이 쌓이고, 성장이 일어나며, 자신이 변해가는 모습을 보는 경험 속에서 생겨나는 내적 만족이야말로 진정한 행복입니다.

몰입의 희열: 최고의 보상

게임과 쇼츠는 즉각적인 반응과 보상을 줍니다. 하지만 공부나 일의 보상은 느리고 간접적입니다.

하지만 공부에 '보상'이라는 얄은 수단을 덧붙여 게임과 경쟁하려 해서는 안 됩니다. 외적인 보상(칭찬, 점수, 상품)은 오히려 내적인 동기를 갉아먹기 때문입니다. 외적인 보상에 익숙해진 학생들은 보상이 사라진 순간 의욕을 잃고 맙니다.

경남교육이 추구해야 할 진짜 배움의 기쁨은 그런 얄은 보상에 있지 않습니다. 그것은 공부나 일 그 자체에 완전히 빠져드는 '몰입(flow)'의 경험에서 나옵니다. 이것은 게임의 즉각적인 쾌락과는 비교할 수 없는 깊고 지속적인 희열입니다. 고대 그리스 철학에서 말하는 진정한 쾌락, 즉 흔들리지 않는 마음의 평정인 '아타락시아(Ataraxia)'나 종교적인 '법열(法悅)'에 가까운 행복감입니다.

스스로 학습하는 힘: AI 시대의 생존 전략

이 깊은 기쁨을 알게 하는 것이 교육의 가장 중요한 목적이 되어야 합니다. 이 희열을 한 번이라도 경험한 학생은 ① 외적 보상 없이도 스스로 알아서 공부하고 ② 자신이 진정 좋아하는 평생의 업(業), 즉 진로를 찾을 수 있으며 ③ 평생 학습을 지속할 내면의 힘을 얻게 됩니다.

이것은 이제 선택이 아닌 필수입니다. 1장에서 진단했듯이 지식의 축적 속도가 빨라지고 평생직업 개념이 소멸하는 AI 혁명 시대에는 스스로 학습하는 힘이야말로 유일한 생존 전략이기 때문입니다.

세종대왕이 세자 시절, 부왕 태종이 건강을 염려해 숨긴 책을 기를 쓰고 찾아 읽었던 것은 단지 책 읽는 행위 자체가 너무나 재미있고 짜

릿했기 때문입니다. 이런 재미를 아는 아이들이 많아져야 개인적으로 도 행복하고 수준 높은 인생을 살아갈 수 있습니다.

하지만 지금 이 순간, 이런 기쁨을 아는 학생과 선생님, 학부모님이 과연 얼마나 될까요? 경남교육은 이제 '행복을 설계하는 교육'에서 벗어나 '깊은 몰입과 성장을 설계하는 교육'으로 전환해야 합니다.

실패와 위험:
성장을 위한 안전한 디자인

'불편함 제거 시스템'의 폐해

다시 말씀드리지만 행복교육은 학교와 학생, 교사에게서 '불편함을 제거하는 시스템'으로 작동하고 있습니다. 이로 인해 학생들은 탐색이나 시행착오를 할 기회를 잃고 편한 일, 스트레스 없는 일, 기분 좋은 일만 하게 되었습니다. 교사들도 '불만도 없고 배움도 없는' 수업을 선호하게 되었고요.

그 결과 학생들은 배움을 견디는 힘을 잃었습니다. '안전한 실패'조차 허용되지 않는 환경이 된 것입니다. 학생의 실패를 줄이고, 정답을 보장하며, 예측 가능한 결과를 관리하려 합니다. 학교는 더 이상 질문과 도전의 공간이 아니라 안전하고 예측 가능한 결과만을 관리하는 온실이 되어버렸습니다.

하지만 진짜 배움은 예측 불가능한 영역에서 발생합니다. 너무 쉬운 일이나 너무 어려운 일은 흥미와 재미를 불러일으키지 못합니다. 1

미터 앞의 표적을 총으로 쏘아 맞히는 것과 1만 미터 앞의 표적을 쏘아 맞히는 것이 여기에 해당합니다. 그런데 100미터 밖의 표적은 어떨까요? 맞힐 수도 있고 못 맞힐 수도 있겠죠? 그러면 사람은 흥미를 갖고 도전하기 시작합니다. 여러 번의 실패 끝에 표적에 명중시키면 재미를 느끼고요.

공부는 원래 재미있다

'재미이론'으로 유명한 라프 코스터는 "재미는 학습의 다른 표현일 뿐이다."라고 말했습니다. 배우고 익히는 걸 좋아하는 인류만 진화의 과정에서 살아남았고(학습을 싫어하는 인간은 도태되었고), 우리의 뇌는 무언가를 배울 때마다 도파민을 분비시켜 보상(기분 좋게) 해주었다는 것입니다. 즉 인간은 낯선 개념과 마주하고, 새로운 문제를 탐구하며, 기존의 사고를 흔드는 경험을 할 때 재미와 보람을 느끼게 됩니다.

게임은 이 과정을 단순화시키고, 도전정신을 불러일으키는 목표(goal)를 명확히 제시하고, 난이도를 적절하게 디자인하며, 빠르게 피드백을 줍니다. 이런 점을 제외하면 학습과 게임은 똑같다는 것이 라프 코스터의 주장입니다.

이것은 학습뿐만 아니라 졸업 후의 삶에도 적용됩니다. 스스로 목표를 설정하고, 여러 번의 시도와 시행착오를 통해 목표에 접근하며, 결과를 만들어내는 사람만이 살아남을 수 있습니다. 학교는 이러한 과정을 안전하게 연습하는(실패해보는) 플레이그라운드가 되어야 합니다. 이러한 과정을 통해 자기 자신에 대해 배우고, 세상을 배우고, 살아가는 방식을 배우게 됩니다.

진정한 혁신은 실패의 위험을 감수하는 실험입니다. 그래서 때로는 스트레스와 좌절, 혼란, 갈등을 느낄 수도 있습니다. 하지만 그런 상황을 극복하고, 해결하고, 자신과 타인, 세계를 컨트롤하는 방법을 배우는 것이 중요합니다.

만약 교육 현장에 이러한 혼란이 없다면, 그것은 혁신이 행정에 흡수되었다는 증거일 가능성이 높습니다.

'안전한 실패'의 필요성: 탐색으로서의 시행착오

학교는 실패를 두려워하지 않고 더 높은 목표에 도전하도록 격려하는 문화를 만들어야 합니다. 가능성의 언어 ('Not Yet'): 스탠퍼드대 심리학자 캐럴 드웩(Carol Dweck)이 제시한 'Not Yet(아직은 아니다)' 개념은, 실패를 좌절이 아닌 성장의 과정으로 인식하게 하는 훌륭한 '가능성의 언어'입니다. 학교의 언어가 "틀렸다"에서 "아직은 아니다"로 바뀔 때, 학생은 실패를 멈춤이 아닌 가능성의 과정으로 이해합니다.

그렇다면 '안전한 실패'란 구체적으로 무엇일까요? 그것은 '탐색'과 '시행착오'를 마음껏 할 수 있는 기회를 의미합니다.

인공지능은 단순히 정답을 알려주는 도구가 아니라 해답에 이르는 과정을 함께 탐색하는 동반자이자 튜터로 활용되어야 합니다. 즉 시뮬레이션과 시행착오를 위한 '안전한 실패'의 도구로 사용되어야 합니다. 이는 가상현실(VR)이나 디지털 트윈, 메타버스 기술을 통해 더욱 고도화될 수 있습니다.

이러한 시행착오는 배움의 본질이자 모든 창조적 활동의 핵심입니다. 저 역시 이 책을 쓸 때, 처음 구상했던 1부의 내용을 전면적으로 수정하는 과정을 거쳤습니다. 이것이 바로 저의 시행착오였습니다. 헤밍웨이가 "모든 초고는 쓰레기다(All first drafts are shit)"라고 말했듯이, 모든 전문 창작자는 이 사실을 알고 있으며 언제나 이 과정을 거칩니다.

웹툰 작가나 영화감독, 애니메이터 역시 마찬가지입니다. 그들은 곧바로 그림을 그리거나 촬영부터 시작하지 않습니다. 반드시 스토리보드, 콘티, 그리고 애니매틱스(Animatics)나 프리비즈(Pre-visualization)라고 불리는 사전 시각화 작업을 먼저 해 봅니다. 이러한 시행착오 과정을 거치면서 창작자 자신의 이해도 역시 깊어집니다. 처음에 막연하게 생각했던 것을 구체화하고 다듬으며, 때로는 완전히 새로운 방향으로 나아가기도 합니다.

이는 오래된 스토리텔링의 법칙과도 같습니다. 픽사(Pixar) 애니메이션의 주인공들은 대부분 처음에 '잘못된 신념'을 갖고 이야기를 시작합니다. 그러다 여러 사건을 겪으며 자신의 잘못을 깨닫고 진정한 목표를 향해 나아가게 됩니다.

지지자 불여호지자, 호지자 불여락지자

최근 우리 교육 당국과 교육학자들이 머리를 맞대고 내놓은 고교학점제나 대학의 무전공 입학 같은 정책들도 바로 이러한 '탐색의 기회'를 제도화하려는 시도입니다. 하지만 이 정책들은 기존의 견고한 입시 시스템과 충돌하며 현장에서 엄청난 파열음과 불만을 낳고 있습니다.

물론 제도 자체에 허점과 부족한 점이 있을 수 있습니다. 하지만 진짜 원인은 '입시'라는 단 하나의 목표에 매몰된 학부모들의 불안감입니다. 정책의 방향 자체가 틀린 것은 아닙니다. 학생들이 학교에서 자신의 진로를 탐색하고 '안전한 실패'를 경험할 기회를 주어야 한다는 데는 누구나 동의할 테니까 말입니다.

게다가 평균 수명 연장으로 '평생 교육'이 필수가 된 시대에, 이러한 탐색은 선택이 아닌 생존의 문제입니다. 학생들은 자기 자신이 누구이며, 무엇을 좋아하는지 알아야 합니다. "아는 것은 좋아하는 것만 못하고, 좋아하는 것은 즐기는 것만 못하다(知之者不如好之者, 好之者不如樂之者)"는 공자님 말씀은 여전히 유효합니다. 사람은 결국 자신이 좋아하는 일에 몰입할 수 있고, 스트레스를 덜 받으면서도 더 열심히 노력할 수 있는 법이니까요.

설령 과정을 좋아하지 못하더라도 최소한 '내가 왜 이 일을 하는지'는 알아야 합니다. 그러나 지금 대한민국의 많은 학생은 자신이 하는 공부를 좋아하지도 않고, 그 이유도 모른 채 그저 책상에 앉아 있습니다. 이는 교육이라는 이름으로 행해지는 아동학대라 해도 과언이 아닙니다. 청소년 우울증, 자살, 가정 불화, 학교 폭력 등의 수많은 사회 문제는 바로 이 동기부여의 공백 상태에서 비롯되는 것인지도 모릅니다.

만약 스스로의 탐색을 통해 동기를 찾게 된다면, 그토록 힘든 공부가 오히려 희열이 될 수도 있습니다. 많은 학생들이 그토톡 싫어하는 수학을 너무나 사랑한 나머지, 평생을 바쳐 연구하는 수학자들이 세상에 수없이 많은 것처럼 말입니다.

이것이 바로 성장의 순환 구조입니다. 즉, 탐색('도전')을 하고 → 피드백을 받으며 → 성찰하고 → 회복하여 → 다시 도전('재도전')하는 것입니다. 이 순환이 반복될 때, 배움은 성취가 아닌 진정한 성장으로 이어집니다. 이를 위해 교사에게도 실험의 권리와 실패의 자유를 회복시켜 주어야 합니다.

이 산이 아닌지는 산에 올라봐야 안다

산을 오르기 전에는 정상으로 가는 길을 정확히 알 수 없습니다. 일정 높이까지는 올라가야 비로소 보이는 것들이 있습니다. 심지어 처음에는 그 산이 내가 오르려던 산이 맞는지조차 모른 채, 잘못된 봉우리인지도 모르고 오를 수도 있습니다. 하지만 한참 오르다 보면 시야가 트이면서 비로소 깨닫게 됩니다. "아, 여기가 아니라 저쪽 산으로 갔어야 했구나" 하고 말입니다.

"얘들아, 이 산이 아닌가 보다!"라는 우스갯소리가 있지만, 여기에는 인생의 중요한 비밀이 숨어 있습니다. 무언가를 해보지 않고는, 즉 시행착오를 겪지 않고는 올바른 길을 찾을 수 없다는 것입니다.

회복탄력성:
넘어져도 다시 일어서는 힘

학생들의 배움의 속도는 모두 다릅니다. 지금 당장은 두각을 나타내지 못하더라도, 길게 보고 꾸준히 자신의 길을 걸어가다 '대기만성(大器晚成)'하는 경우도 많습니다.

최근 주목받는 '케이팝 데몬 헌터스(KPop Demon Hunters)'의 작곡가 이재(EJAE)의 사례가 그렇습니다. 그는 12년간 연습생 생활을 하며 아이돌 데뷔를 꿈꿨지만 끝내 실패했습니다. 하지만 그 실패의 경험을 딛고 꾸준히 노력한 결과 빌보드 1위 작곡가라는 더 큰 성취를 이루어 냈습니다.

OECD의 강조: Resilience (회복탄력성)

배움의 여정에는 반드시 폭풍이 있습니다. 그 폭풍은 도전과 실패, 좌절과 공허함의 형태로 찾아옵니다. 하지만 이 폭풍은 피해야 할 위험이 아니라, 성장을 가속하는 학습의 순간입니다.

OECD는 역경을 딛고 일어서는 힘을 "회복탄력성 (Resilience)"이라 부르며 미래 핵심 역량으로 강조합니다. 위험은 학생이 기존의 자신을 벗어나는 신호이며, 성장은 그 위험을 감당할 수 있는 내적 힘(Resilience)의 확장입니다.

실패를 학습으로 전환하는 힘

회복탄력성은 실패를 학습의 일부로 받아들이고, 그 실패의 이유를 탐구하며, 다음 도전을 설계하는 힘입니다. 교사는 이 시기(폭풍을 헤쳐 나가는 시기)에 단순한 위로나 비판이 아니라 '의미를 되돌려주는 피드백'을 제공해야 합니다. "이 경험이 너의 배움 안에서 어떤 의미를 갖는가?" 이 질문이야말로 진짜 교육의 언어입니다. 교사의 역할은 과정 중심의 구체적이고 적시성 있는 피드백을 통해 학생들의 성장 마인드셋을 촉진하고 자기주도적 학습 능력을 향상시키는 것입니다.

성장의 순환 구조: 끝나지 않는 여정

성장은 단 한 번의 성공이나 목표 달성으로 완성되는 정적인 상태가 아닙니다. 성장은 끊임없이 이어지는 순환의 과정입니다.

그 순환은 도전(Challenge) (익숙함을 벗어나 새로운 목표에 도전) → 피드백(Feedback/Comment) (자신과 타인으로부터 의미 있는 피드백 받기) → 성찰(Contemplation) (피드백을 바탕으로 경험을 되돌아보고 언어화) → 회복(Recovery) (실패 경험을 의미로 전환하고 재도전 준비) → 재도전(Re-challenge) (성찰을 바탕으로 새로운 도전 시작)으로 이어집니다.

이러한 도전 → 피드백 → 성찰 → 회복 → 재도전의 순환이 반복될 때, 배움은 단순한 성취 목록 쌓기가 아닌 진정한 성장으로 이어집니다. 따라서 성장은 '완성' 상태가 아니라, 넘어져도 '다시 일어설 이유를 찾아내는 힘' 그 자체라고 할 수 있습니다.

성장의 철학은 끊임없이 한 걸음 더 나아가는 진행형의 여정이며, 'Not Yet(아직은 아니다)'의 언어 속에서 경남교육의 내일이 자랍니다. Not Yet 기반 프레임에 대해서는 지금부터 말씀드리겠습니다.

Not Yet(아직은 아니다):
가능성을 여는 성장의 언어

성장은 완성된 상태가 아니라 끊임없이 나아가는 진행형의 여정입니다. 하지만 우리의 교실은 어떻습니까? 학생이 문제 풀이에 실패했을 때, 우리는 종종 그것을 '틀렸다'는 종결형의 언어로 규정합니다. 이는 학생에게 실패자의 낙인을 찍고 도전하려는 의지 자체를 꺾어버립니다.

스탠퍼드 대학의 저명한 심리학자 캐럴 드웩(Carol Dweck) 교수는 이 절망의 언어를 희망의 언어로 바꾸는 단 하나의 표현을 제시했습니다. 바로 "Not Yet — 아직은 아니다"입니다.

이 한마디는 경남형 성장 교육의 핵심 철학이 되어야 합니다. "Not Yet"은 실패를 부정하지 않고 가능성의 문장으로 바꾸는 강력한 교육의 언어입니다. "너는 아직 거기에 도달하지 않았을 뿐이야. 하지만 반드시 갈 수 있어."라고 말해주는 것입니다. 실패를 두려워하지 않고 '아직'의 가능성을 믿을 때 진정한 성장이 시작됩니다.

이것은 경남교육 전체가 공유해야 할 철학입니다. 학생에게 "Not Yet"은 실패를 멈춤이 아닌 가능성의 과정으로 재해석하여 다시 도전할 수 있는 회복 탄력성을 길러줍니다. 교사에게 "Not Yet"은 완벽한 한 번의 수업에 집착하는 대신 끊임없는 탐구와 실험을 지속하며 수업의 전문가로 성장하라는 격려입니다. 지역 공동체에 "Not Yet"은 제도의 완결성에 안주하지 말고 지속적인 학습 문화를 통해 함께 성장하라는 요구입니다.

성장의 시스템: 4C 순환 프레임

그렇다면 이 "Not Yet"이라는 성장의 철학을 어떻게 학교 현장의 시스템으로 만들 수 있을까요? 저는 이를 위한 구체적인 정책 프레임으로 "Not Yet 기반 성장 교육 정책 프레임"을 제안합니다.

이 프레임의 핵심 구조는 '4C' 라 불립니다. 성장의 순환 과정을 이루는 네 가지 핵심 단계의 영어 단어가 모두 알파벳 'C'로 시작하기 때문입니다. 마치 마케팅의 '4P'처럼 기억하기 쉽도록 고안한 이 용어는 성장을 위한 4개의 필수적인 엔진을 의미합니다.

Challenge (도전): 일단 부딪혀 보기

성장은 자신의 능력보다 조금 더 어렵거나 낯선 과제에 용기를 내어 시도하는 것에서 시작됩니다. 편안하고 익숙한 영역(Comfort Zone)을 벗어나 새로운 목표에 부딪혀 보는 것이죠. 마치 게임에서 다음 레벨로 나아가기 위해 새로운 몬스터에 도전하는 것과 같습니다. 적절한 도전 없이는 성장의 첫걸음조차 뗄 수 없습니다.

Comment (피드백/조언): 거울 보고 길 찾기

도전 그 자체만으로는 성장할 수 없습니다. 도전의 과정이나 결과에 대해 교사, 동료 또는 전문가로부터 의미 있는 조언과 평가를 받는 단계가 필수적입니다. 여기서 'Comment'는 단순한 칭찬이나 지적이 아니라, 무엇을 잘했고 무엇을 개선해야 할지 구체적으로 알려주는 '성장을 위한 정보'입니다. 운전 연습을 할 때 강사가 "핸들을 조금 더 왼쪽으로 돌려야 해요"라고 조언해주듯, 정확한 피드백은 성장의 방향을 교정해 줍니다.

Contemplation (성찰/되돌아보기): 경험에서 배우기

피드백을 받았다면 그것을 자신의 것으로 만드는 성찰의 시간이 필요합니다. 교사나 멘토에게 받은 피드백을 바탕으로 '무엇을 배웠는지', '왜 성공했거나 실패했는지', '다음에는 어떻게 다르게 해볼지' 깊이 생각하고 정리하는 단계입니다. 단순히 체험과 경험에 머무르지 않고 그 경험의 의미를 곱씹어 자신만의 교훈으로 만드는 과정입니다. 운동선수가 경기 영상을 복기하며 자신의 플레이를 분석하는 것과 같습니다.

Cycle (순환/다시 도전): 계속 나아가기

성장은 한 번의 성공으로 끝나지 않습니다. 성찰을 통해 얻은 교훈을 바탕으로 새로운 도전(Challenge)을 시작하는 마지막 단계입니다. 성장은 이러한 '도전 → 피드백 → 성찰 → 재도전'의 순환을 계속 반복하면서 이루어집니다. 넘어져도 다시 일어나 다음 걸음을 내딛는 것처럼 성장의 과정은 멈추지 않고 이어져야 합니다.

단계 (4C)	설명	교육 현장 예시
Challenge (도전)	현재 능력보다 조금 어려운 과제에 용기를 내어 시도하는 단계. 편안함을 벗어나 새로운 목표에 부딪힘.	학생이 기존 지식 밖의 프로젝트에 참여하거나, 교사가 새로운 수업 도전을 시도.
Comment (피드백/조언)	도전 결과에 대한 구체적 조언 받기. 단순 칭찬/비판이 아닌 성장 정보 제공.	교사가 "핸들을 조금 더 왼쪽으로"처럼 적시성 있는 피드백 주기, 또는 동료 피드백 세션.
Contemplation (성찰/되돌아보기)	피드백과 경험을 바탕으로 교훈 추출. 왜 성공/실패했는지 깊이 생각.	학습 일지 작성이나 경기 영상 분석처럼 경험을 언어화.
Cycle (순환/재도전)	성찰을 바탕으로 새로운 도전 시작. 성장의 반복 순환 강조.	실패 후 재도전 계획 세우기, 학교에서 월 1회 성장협의체 운영.

이 4C 정책 프레임은 교실, 학교, 그리고 지역 교육청 수준에서 유기적으로 실행되어야 합니다. 교실에서는 도전적인 과제(낯섦 지수)를 설계하고 구체적인 피드백(3S 피드백)을 주며, '성장 포트폴리오'를 통해 성찰을 유도해야 합니다.

학교 수준에서는 교사들이 전문학습공동체(PLC)를 통해 수업 실험을 공유하며 함께 성장합니다. 지역·교육청 수준에서는 'Not Yet 시범망'을 확산하고 '성장지표 공시제'를 도입하는 등 제도적 기반을 마련해야 합니다.

"Not Yet"은 그저 따뜻한 위로의 말이 아니라 우리 교육 정책을 지탱하는 핵심 문법이 되어야 합니다. 이 '도전-피드백-성찰-재도전'의 순환이 학교의 시스템이 될 때, 비로소 경남교육에 '성장의 문화'가 자리 잡을 것입니다.

함께 성장하는 공동체: 학생, 교사, 지역의 변화

진정한 성장은 개인의 노력만으로 이루어지지 않습니다. 학생, 교사, 지역사회가 서로의 변화를 자극하고 반영하는 '관계의 순환 구조' 속에서 일어납니다. 학생만 성장하고 교사와 학교, 지역이 변하지 않으면 교육은 완성될 수 없습니다. 진짜 성장은 이처럼 서로의 변화를 자극하는 관계적 과정입니다.

이는 4장에서 다룬 배움의 확장과도 맞닿아 있습니다. 배움이 개인에서 공동체로 확장될 때 완성되듯, 성장의 주체 역시 학생, 교사, 학교, 지역 모두가 되어야 합니다. 이를 위해 학교 구성원이 함께 만들고 발전하는 문화, 상호 존중과 신뢰의 회복이 무엇보다 중요합니다.

이때 각 주체의 성장의 의미는 다음과 같습니다.

첫째, 학생의 성장

학생의 성장은 외적인 성취와 더불어 자신이 겪은 경험을 스스로 해석하고 의미를 발견하는 '자기 발견의 과정'입니다. 성장은 시험 점수가 아닌, "나는 어떤 과정을 통과하며 무엇을 배웠는가"를 스스로 말할 수 있는 능력, 즉 '자기 인식'에서 출발합니다. 학생의 성장은 낯선 세계를 통과하며 자신을 새로 해석하는 일이며, 배움의 최종 목표인 '변화(transformation)'는 학생이 스스로의 배움을 이야기할 수 있을 때 비로소 완성됩니다.

둘째, 교사의 성장

교사의 성장은 전문 지식을 축적하고 그것을 기반으로 불확실성을 다루는 힘을 기르는 것입니다. 교사는 매 순간 수업의 실패와 낯선 도전에 맞서며 학생과 '함께 배우는 사람'으로 성장합니다. 교사가 배우지 않는 학교에서는 학생의 배움도 자랄 수 없습니다. 미래의 교사는 '러닝 디자이너(Learning Designer)'로서, 학생과 함께 더 나은 질문을 만들어가는 사람이어야 합니다.

셋째, 지역의 성장

지역의 성장은 학교 밖에서, 학교와 '함께 배우는 일'을 통해 이루어집니다. 학교가 배움의 중심이 되고 학생의 탐구가 지역의 문제와 만날 때, 지역은 학생을 통해 스스로 배우는 공동체, 즉 '경남형 학습사회(Learning Society)'가 됩니다. 이를 위해 학교는 지역사회 학습 생태계의 '허브'가 되어야 하고, 학생의 프로젝트가 마을, 기업, 대학과 연결되는 '리빙랩(Living Lab)'으로 확장되어야 합니다.

학교 문화의 변화와 성장의 궁극적 의미

성장은 완벽을 향한 경쟁이 아닙니다. 그것은 불완전함을 견디며 자신을 새로 세우는 여정입니다. 경남교육이 지향하는 성장은 완성된 제도가 아니라 끊임없이 배우며 갱신되는 '학습하는 사회' 그 자체입니다. 이러한 '학습하는 사회' 안에서 배움이 지식의 습득을 넘어 의미의 생성으로, 개인의 성장을 넘어 공동체의 성숙으로 확장될 때, 학교는 비로소 학생의 삶의 서사를 길러주는 공간이 됩니다.

성장의 불편함 속에서 학생은 스스로를 발견하고, 교사는 다시 배우며, 지역은 함께 성장합니다. 이 순환이 지속될 때, 경남교육은 진짜 '배움과 성장, 이야기가 있는 교육'으로 나아갈 것입니다.

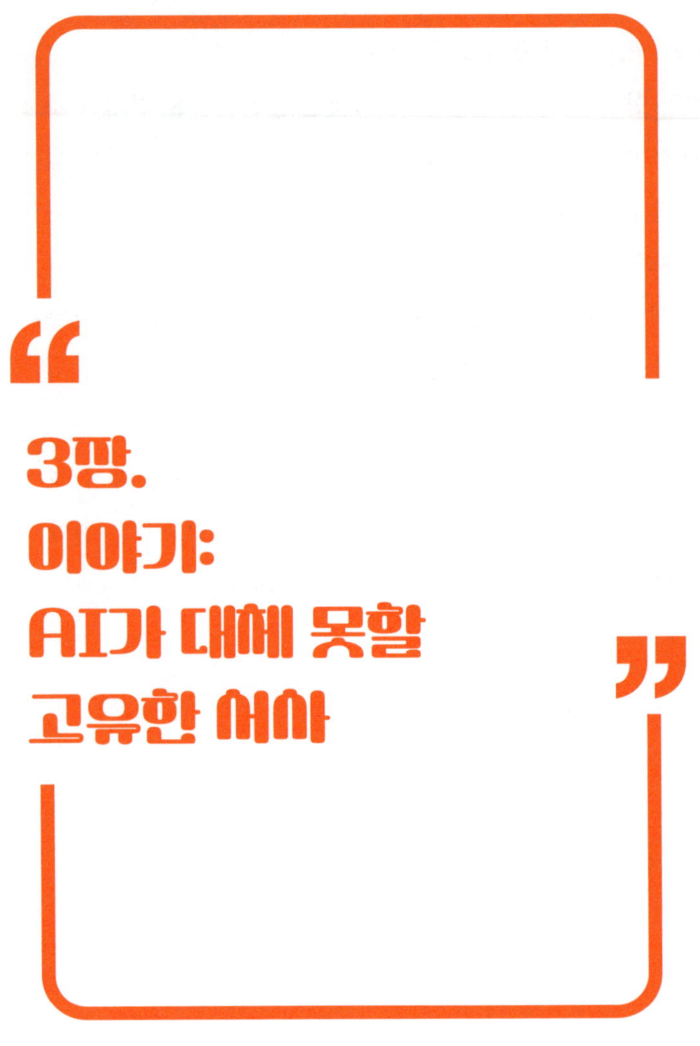
"
3장.
이야기:
AI가 대체 못할
고유한 서사
"

시간의 예술, 교육:
이야기는 어떻게 사람 안에 쌓이는가

이야기는 단순히 주고받는 말이나 사건의 기록 그 이상입니다. 그것은 시간이 사람 안에 스며드는 과정이며 교육이 개인과 공동체의 몸과 마음에 새겨지는 방식 그 자체입니다. 이런 관점에서 볼 때, 교육은 단순히 지식을 전달하는 기술이 아니라 시간을 사람에게 겹겹이 쌓아가는 예술과 같습니다. 학생이 수업 시간에 배운 말 한마디, 교사가 건넨 따뜻한 시선, 지역사회가 함께 나눈 소중한 경험들은 모두 사라지지 않고 시간이 되어 한 사람의 내면에 퇴적됩니다. 그렇게 쌓인 시간은 감정이 되고, 감정은 사고를 만들며, 사고는 다시 관계와 문화를 형성하는 바탕이 됩니다.

교육에서 시간은 단순히 달력처럼 흘러가는 것이 아니라, 개인의 경험 속에 층층이 쌓여가는 층위(layer)입니다. 지나간 수업이나 활동은 결코 사라지지 않습니다. 그것은 학생의 몸에 '감각'으로 남아 세상을 느끼는 방식을 만들고, 교사의 기억 속에 '통찰'로 남아 다음 수업을 변화시키며, 지역 공동체의 삶 속에 '문화'로 남아 공동체의 정체성을 이

룹니다. 즉, 진짜 교육의 시간은 물리적으로 흘러가는 시간(flow)이 아니라, 개인과 공동체 안에 내면화되고 체화(embodiment)됩니다.

바로 이 겹겹이 쌓이는 시간들이 교육의 깊이를 만듭니다. 학생이 보낸 하루, 교사가 준비한 수업, 학교의 공동체가 공유하는 기억들이 서로 만나고 교차하며 하나의 풍성한 이야기가 됩니다. 따라서 이야기는 곧 사람이며, 사람이 곧 교육을 통해 축적된 시간 그 자체라고 할 수 있습니다.

그렇기에 학교는 더 이상 단순히 지식을 전달하거나 행정 업무를 처리하는 공간에 머물러서는 안 됩니다. 학교는 배움과 성장의 이야기가 쌓이는 곳이자, 그렇게 축적된 시간이 학생과 교사를 성장시키는 곳이 되어야 합니다. 배움이 새로운 여정의 시작이고, 성장이 그 여정의 과정이라면, 이야기는 그 모든 여정을 의미 있게 이어주는 기억이자 증거입니다. 교육의 시간은 사람 속에 쌓이며, 그 깊고 풍성한 축적이 바로 우리가 만들어갈 경남교육의 미래가 될 것입니다.

기록을 넘어 해석으로: '나의 시간'이 '나의 서사'가 될 때

이야기는 단순히 과거에 일어난 사건을 기록하는 행위가 아닙니다. 기록이 사실(fact)을 남긴다면, 이야기는 그 사실을 현재 시점에서 되돌아보고 의미(meaning)를 부여하는 해석의 행위입니다. 배움과 성장을 '이야기'로 만드는 교육은 바로 이 해석의 과정을 중요하게 여깁니다.

따라서 학생의 이야기를 만들어간다는 것은 그가 겪은 사건을 단순히 시간 순서대로 나열하는 것이 아닙니다. 그것은 그 사건과 경험이 지금의 나에게 어떤 의미로 남았는지, 나를 어떻게 변화시켰는지 스스로 해석하고 의미를 부여하는 자기 서사(Self-narrative) 구축 과정입니다.

　　교육은 학생이 단순히 "무엇을 배웠는가"를 아는 것을 넘어, "그 배움이 내게 어떤 의미였는가"를 스스로 말할 수 있을 때 비로소 완성됩니다. 경남형 이야기 교육은 학생이 ① 배우고 ② 성장하고 ③ 그것을 스스로 말할 수 있도록(의미를 부여하도록) 돕는 교육입니다.

학생, 교사, 지역의 이야기:
함께 엮어가는 공동체 서사

연결되는 시간, 확장되는 공간

교육을 통해 쌓이는 시간은 학교라는 물리적 울타리 안에만 머물지 않습니다. 학생이 교실 밖으로 나가 마을을 배우고, 반대로 마을 사람들이 학교 교육에 참여하여 학생을 배우는 순간, 학교의 시간과 지역 사회의 시간이 연결됩니다.

이것이 바로 공동체의 서사가 시작되는 지점입니다. 지나간 수업 하나하나가 학생의 몸에 '감각'으로, 교사의 기억 속에 '통찰'로 남듯, 지역과 함께한 경험은 공동체 전체의 삶 속에 '문화'로 스며듭니다. 학교의 시간과 마을의 시간이 만나면 교육의 역사가 됩니다.

따라서 이야기는 결코 한 개인에게만 머무는 것이 아닙니다. 학생의 배움, 교사의 성찰, 지역의 기억들이 서로 연결되고 교차하며 학교와 마을 공동체의 역사이자 문화가 되는 것입니다. 이야기는 개별적인 점들이 모여 하나의 그림을 완성하듯, 시간이 겹겹이 쌓여 만들어진 공동체의 얼굴 그 자체입니다. 학생, 교사, 지역이라는 서로 다른 주체들의 시간이 교차하고 엮이는 순간, 교육은 비로소 하나의 완성된 이야기로 피어납니다.

'마이 스토리'에서 '빅 스토리'로

모든 학생에게는 자신만의 고유한 '마이 스토리(My Story)'가 필요합니다. 하지만 현재의 교육 시스템에서는 학생들이 학교를 졸업해도 자신만의 서사를 충분히 갖지 못하는 경우가 많습니다. 단순히 개별적인 이야기를 만드는 것만으로는 부족합니다. 각자의 마이 스토리를 서로 지지해주고 이해하며 응원해주는 공동체의 기반이 마련되어야 합니다. 학교는 학생의 성장을 서사로 남길 수 있는 '성장 포트폴리오 문화'를 만들어야 합니다. 이렇게 소중하게 가꿔진 학생 개개인의 '마이 스토리'들이 모여, 우리 경남교육 전체의 더 큰 이야기, 즉 '빅 스토리(Big Story)'를 이루게 될 것입니다.

함께 써 내려가는 교육

"배움과 성장, 이야기가 있는 경남교육"은 결국 시간을 함께 써 내려가는 교육입니다. 학생은 자신의 경험을 바탕으로 이야기를 써 내려가고, 교사는 피드백을 통해 그 의미를 함께 해석하며 읽어주고, 지역은 그 이야기가 더 넓은 사회의 이야기로 확장될 수 있도록 장(場)을 열어줍니다. 이야기 교육은 학생이 ① 배우고 ② 성장하고 ③ 그것을 자신의 언어로 말할 수 있도록 돕는 통합적인 과정입니다. 성장하고 성숙된 교육은 사람 속에, 그리고 공동체 속에 쌓이며, 그 풍성한 쌓임이 곧 경남교육의 미래가 될 것입니다.

서사 기반 성장 교육(SBN):
배움과 성장을 이야기로 완성하다

경남형 이야기 교육의 구체화

경남형 이야기 교육은 배움과 성장의 과정을 이야기로 매개하여 순환시키는 구조인 '서사기반 성장교육'(SBN: Story-Based Nurturing)으로 구체화될 수 있습니다.

SBN은 배움(learning)과 성장(growth)을 '이야기(story)'를 매개로 유기적으로 연결하고 순환시키는 교육 방법론입니다. 학생이 단순히 배우고 성장하는 것을 넘어, 그 과정을 스스로 말할 수 있도록(의미를 부여하도록) 돕는 교육이며, 학생이 "그 배움이 내게 어떤 의미였는가"를 이야기할 때 비로소 교육은 완성됩니다.

이러한 접근은 단순한 수업 방식의 변화를 넘어, 학교가 학생의 삶의 서사를 길러주는 공간으로 근본적으로 전환하는 것을 목표로 합니다.

SBN의 4단계 순환 구조

서사 기반 성장 교육(SBN)은 다음과 같은 네 단계를 통해 배움과 성장을 구체적인 이야기로 만들고, 이를 통해 지속적인 성장을 지원합니다.

단계	핵심 행위	의미	지원 장치
기록하기	배움의 순간을 남김	경험의 흔적	성장 포트폴리오
해석하기	경험의 의미를 재구성	성찰의 심화	피드백 루브릭
공유하기	이야기를 나눔	공동체적 성장	학교 스토리페어 (Story Fair)
순환하기	다음 목표 설정	지속적 성장	Not Yet(아직은 아니다) 재도전 트랙

배움의 경험을 의미 있는 서사로 만들기 위해서는 '성찰 포트폴리오', '학습일지', '피드백 대화' 등이 필수적입니다. 배움의 경험을 되돌아보고 의미의 서사를 만들기 위해서입니다.

이중에 '성찰 포트폴리오'는 AI와 디지털 기술을 활용한 성장 기록 시스템으로서, 학생의 배움을 데이터와 이야기로 동시에 남길 수 있습니다. 학생의 작품과 과제를 시간의 흐름에 따라 수집하여 발전 과정을 기록하는 다면적 평가 시스템인 셈입니다.

AI 시대, 왜 이야기인가?: 대체 불가능한 인간 고유의 가치

AI의 한계: '의도'와 '의미'를 만들지 못하는 기술

AI 시대에는 단순한 지식 전달이나 암기보다 문제를 인식하고 목표를 설정하며 가치를 부여하는 인간 고유의 역할, 즉 '의도'를 갖는 것이 중요해집니다. AI는 놀라운 속도로 정보를 처리하고 결과물을 생성하지만, 스스로 '의도'를 가질 수는 없습니다.

따라서 AI 시대의 교육은 단순히 AI를 잘 다루는 기술을 넘어, 무엇을 위해(Why), 어떤 목적(What)으로 AI를 활용할 것인지 스스로 판단하고 결정하는 능력을 길러주어야 합니다. AI에게 무엇을, 왜 시키는지가 중요하며, 스스로의 힘으로 사고할 수 있는 자율적, 주체적 의식을 길러야 합니다. AI가 하는 일은 인간이 입력한 내용을 해석하여 최상의 출력을 내는 것입니다. 따라서 학생들은 AI의 빈 프롬프트 창에 자신의 의도를 명확하게 입력할 수 있어야 합니다. 자기 취향과 주관, 정체성이 뚜렷해야 하는 이유가 여기에 있습니다. 그렇지 못한 아이들은

AI 시대의 주역이 아니라 조연이나 엑스트라가 될 것입니다.

강화되는 인간 고유의 역할: 교사와 학생의 변화

교사는 단순한 지식 전달자에 머물지 않고 학습 설계자, 조력자, 멘토로서 학생의 성장을 지원해야 합니다. AI는 방대한 지식을 제공할 수 있지만, 학생 개개인의 맥락을 읽고 마음을 이해하며 동기를 부여하는 인간 교사의 통찰은 결코 대체될 수 없습니다.

교사는 학생의 정서적 필요를 파악하고 대응하는 능력, 감성적 연결과 관계 형성 능력, 윤리적 판단과 가치 전달 능력 등 인간적 강점을 적극적으로 활용해야 합니다. 또한 AI 시스템이 제공하는 데이터를 해석하여 교육적 판단을 내리고, AI와 학생 사이의 중재자 역할을 수행해야 합니다.

'이야기'와 '창조성': AI 시대의 핵심 가치

AI 시대의 인간은 새로운 가치와 관점을 만들어내는 '창조성'에 더욱 집중해야 합니다. 창조적 배움은 예술이나 발명에만 국한되지 않습니다. 문제 해결, 글쓰기, 공동체 기획, 사회적 실천 등 모든 배움의 순간에서 새로움을 시도하고 기존의 틀을 넘어서려는 문화가 필요합니다.

바로 이 지점에서 '이야기(Story)'의 가치가 더욱 중요해집니다. 이야기는 배움과 성장을 엮어내는 시간이며, 학생의 성장은 성취가 아니라 의미의 발견입니다. 배움이란 결국 자기 이야기를 써 내려가는 일이며, 그 이야기는 경험의 단순 나열이 아닌 의미의 재구성입니다. 이러한 개인의 고유한 경험과 성찰, 의미 부여가 담긴 '이야기'는 AI가 결코 만들어낼 수 없는, 미래 사회에서 인간만이 가질 수 있는 대체 불가능한 가치입니다.

대체되지 않는 인간 노동: 창조와 영성의 영역

인간의 육체노동은 산업혁명 때 기계로 대체되었고, 지식노동은 정보화혁명 때 대체되었습니다. 정보화혁명은 아직 진행 중이니까 '대체되고 있다'라고 해야겠죠?

그렇다면 아직 대체되지 않은 노동은 무엇일까요? 그것은 바로 창조노동과 영적 노동입니다. 물론 생성형 AI가 창작도 하고 있습니다만, 진정한 의미의 창조라고 보기는 어렵습니다. 창의성과 창조성의 차이는 모호하고 자칫 말장난으로 비칠 수도 있지만, 아직 AI가 대체하지 못하는 창조적 영역이 있는 것만은 분명합니다.

예를 들어 바이브 코딩(vibe coding)으로 누구나 프로그래밍을 할 수 있습니다. AI에게 자연어로 명령하면 알아서 척척 코드를 생성해 주니까요. 하지만 아직은 갈 길이 멀다는 말이 많습니다. 물론 알파고와 바둑 대결을 한 이세돌 9단은 "AI가 창의적이라고 느꼈다."라고 말했지만, 정해진 룰 안에서의 창의성은 창조성과는 분명히 다르다고 생각합니다.

중요한 것은 AI를 공동 지능(Co-Intelligence)으로 활용하는 것입니다. 반복적인 일이나 중간 정도의 창의성이 요구되는 일들은 AI에게 위임하고, AI가 대체할 수 없는 핵심 역량을 발휘해서 서비스나 제품, 기술 등을 창조해 내야 합니다. 이런 인재를 길러내는 교육만이 개인과 국가의 미래를 밝게 해줄 것입니다.

대학생들이 레포트나 논문에 AI를 쓰는 것에 위기감이나 문제의식을 갖는 교수님들이 많습니다. 이제는 거의 포기하신 교수님들도 계시고 AI로 답을 찾을 수 없는 문제나 과제를 내기 위해 고심하는 교수 님들도 계십니다. 하지만 과감하게 발상을 전환해보는 건 어떨까요? AI라는 강력한 도구를 가지고 왜 이 정도의 퍼포먼스밖에 못 내냐고 학생들에게 묻는 것입니다. AI를 검색엔진이 아니라 파트너로, 직원 (agent)으로, 공동지능으로 제대로 활용했을 때의 결과물과, 마우스를 '딸깍'하면서 "이렇게 써 줘, 저렇게 써 줘."라고 해서 나온 결과물은 하 늘과 땅 차이니까요.

AI의 근본 한계: 확률 기계로서의 속성과 창조성의 경계

AI는 인간이 창조성을 발휘하도록 도와주는 똑똑한 도구이지만, 기 존에 존재하지 않았던 것을 창조해주지는 못한다는 사실을 깨닫게 해 줘야 합니다. 이것은 AI의 근본적인 속성과 한계 때문입니다. 흔히 간 과하기 쉬운데 AI 역시 엄청난 투자금이 들어간 소프트웨어, 즉 제품 에 불과합니다. 엄연히 투자자와 주주들이 존재하고 그들의 이익을 최 대화하기 위해 작동해야 합니다. 게다가 엄청난 전기와 물을 잡아먹는 '지구온난화의 적'이기도 하고요.

따라서 근본적으로 사용자의 요구를 충실하게 따르는 것에 모든 리 소스가 집중될 수밖에 없습니다. 그래야 사용자들이 돈을 내고 쓰지 않겠습니까? "오늘은 기분이 별로라서 당신의 요청은 내일 해줄게요." 라고 말하는 AI 서비스는 강제 포맷될 수밖에 없습니다. 그렇기 때문 에 사용자의 수준에 따라 답변의 수준과 퍼포먼스가 달라질 수밖에 없 죠. 마치 부처님이나 예수님이 질문자의 수준에 맞춰서 답변하신 것처 럼요.

또한 인공지능은 근본적으로 높은 확률을 추구할 수밖에 없습니다.

대형언어모델은 그 자체가 확률론적 기계이기 때문입니다. 그런데 창의성은 몰라도 더 높은 단계의 창조성이나 영성은 '높은 확률'이 아니라 '낮은 확률'로 창발됩니다. 그 유명한 이세돌 9단의 '신의 한 수'처럼요. 이세돌 9단이 확률적으로 너무 낮은 수를 놓은 순간, 알파고는 혼란에 빠져 허무하게 지고 말았습니다. 그로부터 몇 년 뒤, 서양의 바둑기사 켈린 펠린(Kellin Pelrine)은 2019년에 KataGo AI를 완전히 엉뚱한 수(대부분의 프로 기사들이 피하는 비효율적·이상한 수)를 둬서 여러 번 이겼습니다. 이는 MIT와 페이스북 AI 연구팀의 연구에서 밝혀진 사례로, AI의 취약점(확률 기반 예측 한계)을 드러냈습니다. 확률적으로 높은 '정상적인 수'를 두는 세계 정상급 기사들이 단 한 번도 이기지 못했던 AI를 그런 식으로 쉽게 이겨버린 것입니다.

AI 시대를 맞이하는 용기

AI가 가져올 거대한 변화 앞에서 두려움을 느끼는 것은 당연합니다. 하지만 중요한 것은 그 변화의 실체를 제대로 알고, 기꺼이 뛰어들 용기를 내는 것입니다.

변화는 이미 우리 곁에 와 있습니다. 이 흐름을 거부할 것이 아니라, 오히려 적극적으로 받아들이고 파도에 올라타는 결단이 필요합니다.

그렇다면 이 거대한 AI의 파도에 올라타기 위해 가장 중요한 것은 무엇일까요? 바로 독서를 통한 깊이 있는 '도메인 지식(Domain Knowledge)'의 확립입니다.

이것은 '나만의 서사(이야기)'를 만드는 근본 재료가 됩니다. AI 기술 자체는 누구나 쓸 수 있는 보편적인 도구가 되어가고 있습니다. 하지만 AI에게 "무엇을, 왜 질문하는가", 즉 '프롬프트(Prompt)'의 수준은 그 사람만이 가진 고유한 지식과 철학에서 결정됩니다.

결국 AI 시대의 진정한 차별점은 AI를 활용하는 인간의 깊이에 있습니다. 꾸준한 독서와 학습을 통해 자신만의 관점과 전문 지식을 쌓는 것, 이것이야말로 AI가 결코 대체할 수 없는 인간 고유의 가치입니다.

3부
나의 이야기: 모두가 별이 되는 세상을 꿈꾸며

내 청춘의 사다리:
어린 시절부터 군복무까지

이 책은 주로 한국 교육, 특히 경남교육이 나아가야 할 방향에 대한 진단과 비전을 담고 있습니다. 분석과 제안이 중심이 되는 글의 흐름 속에서, 저의 개인적인 삶의 기록은 다소 결이 다르게 느껴질 수 있습니다. 교육 정책을 논하는 책에 자전적인 이야기가 반드시 필요한 것은 아니라는 점을 잘 알고 있습니다.

그럼에도 이 기록을 포함시켰습니다. 제가 교육 문제에 대해 치열하게 고민하고 이 책을 쓰게 된 근본적인 동기가 제 삶의 여정 속에 녹아 있기 때문입니다.

제가 교육을 통해 어떤 경험을 하고 세상을 배웠으며, 왜 경남교육의 변화를 이토록 절실히 바라는지 보여드리는 일은, 때로는 객관적인 분석이나 정책 제안만큼이나 중요하다고 믿습니다. 부디 저의 진솔한 이야기가 이 책이 제시하는 미래 교육 비전에 대한 독자 여러분의 공감과 이해를 돕는 작은 다리가 되기를 바랍니다.

어린 시절의 기억: 바다와 책, 그리고 연필

제가 태어난 남해 창선면은 바다와 섬, 바람이 어우러진 곳이었습니다. 파도 소리가 자장가처럼 들리던 고향 마을에서 저는 세상을 배웠습니다. 비록 작고 고요한 마을이었지만, 제게는 그곳이 세상 전체였습니다.

당시 마을 아이들은 바닷가에서 조개를 주우며 놀다가도, 저녁 종이 울리면 뿔뿔이 흩어져 책보를 들고 집으로 향했습니다. 어른들은 늘 "배워야 산다"라고 말씀하셨습니다. 그래서인지 제 어린 시절에는 늘 책 냄새와 연필 깎는 소리가 함께 했습니다.

그후 삼천포로 이주하면서 더 큰 세상과 만났고, 진주와 서울, 그리고 세계로 나아가게 되었습니다. 교육은 저에게 단순한 공부가 아니라 세상을 향한 사다리였습니다.

그 사다리를 타고 작은 시골 마을의 소년이 국가의 교육정책을 기획하고, 세계 무대에서 교육을 논하는 자리에 서게 되었습니다. 이제 저는 그 사다리를 다시 고향의 아이들과 청년들에게 되돌려주고 싶습니다.

리더십의 시작: 지도자의 덕목을 깨닫다

삼천포 대성초등학교 교정에는 언제나 바닷바람이 불었습니다. 교실 창문을 열면 짭짤한 바닷내음이 들어왔습니다. 그 속에서 저는 전교어린이회장을 맡아 처음으로 리더의 역할을 해보았습니다.

작은 운동회 하나를 준비하는 데도 아이들과 부딪히고 웃고 울면서, '리더십은 나 혼자 잘하는 것이 아니라 함께 만들어가는 것'임을 배웠습니다.

삼천포 제일중학교 시절에는 전교 학생회장을 맡았습니다. 학생들의 고민을 모아 교장실에 들어가 건의하던 기억이 아직도 생생합니다. 그때 교장 선생님은 제 말이 다소 서툴러도 끝까지 들어주셨습니다. 그 경험은 상대방의 이야기를 끝까지 들어주는 것이 진정한 지도자의 덕목임을 가르쳐 주었습니다.

진주고등학교에 진학하면서는 새로운 세상을 만났습니다. 봉곡동 하숙집에서 함께 살던 친구들과는 하루하루가 모험이었습니다. 시험이 끝난 날, 누군가 집에서 용돈을 받아오면 우리는 곧장 수복빵집으로 달려갔습니다.

김이 모락모락 나는 찐빵을 수북이 쌓아놓고 먹으며 세상을 다 가진 듯 웃었던 그 순간이 제 청춘의 가장 따뜻한 장면이었습니다. 지금도 그 수복빵집이 남아 있어 젊은이들이 '레트로 감성'을 즐기는 모습을 보면, 세월의 무게 속에서도 변치 않는 추억의 힘을 느끼게 됩니다.

대학시절과 행정고시 준비 과정

서울대학교 교육학과에 입학한 뒤 저는 교육이란 무엇인가를 더 깊이 고민했습니다. 교생실습 때 만난 아이들은 '교육이란 책 속에 있는 것이 아니라 교실 안에 살아 숨쉰다'는 사실을 깨닫게 해주었습니다.

80년대 중반 민주화 시대를 거치면서 우연찮게 행정고시를 알게 되어 교육직렬 시험준비에 들어갔습니다. 그 당시 대학 내 중앙도서관을 중심으로 시험 준비를 하는 스터디팀이 만들어져 나름대로의 전략으로 시험을 준비하게 되었습니다.

지금 생각해 보면 좋은 사람들과 팀을 이루어 준비했던 것이 무난하게 합격했던 비결이 아닌가 생각합니다.

나만의 비법이라고 하면 학과 지도교수님의 시험준비 노하우 요점 정리와 나만의 꾸준함을 꼽고 싶습니다. 지도교수님의 원포인트 노하우는 시험교재의 목차를 참조하면서 책의 전체를 조망하는 것이었습니다. 각 소목차들이 어떻게 대목차들 속에서 연결되는지 먼저 파악하는 것이 필요하다는 것이었습니다.

두 번째로 절대 공부량을 확보하기 위한 나만의 원칙에 충실하려 했다는 것입니다. 공부는 엉덩이 싸움이라고 하지 않았습니까? 우스갯소리가 아니라, 그 당시 수험생들 사이에서 딱딱한 나무의자에 하루 종일 앉아 있기 위해서는 방석이 필수였습니다.

도서관의 특정 자리를 확보하려고 등교 시간을 서둘렀고, 오전/오후/밤 시간을 나누어 절대적 공부량을 기록해 나갔습니다. 중간에 낮잠 자는 시간을 빼고 나면 열 시간의 공부시간을 확보하는 게 쉽지 않았습니다. 그렇게 확보한 시간을 과목별로 분배해서 공부했습니다.

그 당시 부모님은 자식 따라 서울로 상경한 지 몇 년이 지난 시점이었고, 서울대 앞 녹두거리에서 식당을 시작하셨습니다. 식당은 스터디 팀원들이나 친구들과 만나는 장소가 되었습니다.

4년이라는 시간을 투자한 후, 92년 행정고시에 최종 합격하였습니다. 합격 소식에 꽉 안아 주시던 아버지의 품이 아직도 생생합니다. 한국의 어느 부모가 자식 공부를 위해 소홀히 했겠냐마는, 저의 부모님은 그냥 자식이 하는 대로 지켜보시고 마냥 응원해 주셨습니다.

군복무 시절

1년 수습 기간을 마치고 군대에 들어갔습니다. 광명시 소재 52사단에서 행정병으로 18개월 근무했습니다. 그 당시 행정병으로 행시/사시/공인회계사 등에 합격한 사병들이 많이 배치되었습니다.

늦은 나이에 후배들과 함께 군 생활을 재미있게 지내며 여러 가지 경험을 할 수 있었던 소중한 시기였습니다.

같은 부대에 근무했던 사병 중에는 연예인인 이정재, 유재석 씨가 있었습니다. 이정재 씨는 당시 드라마 '모래시계'로 인기를 한몸에 얻고 부대에 들어온 시기라 장교들에게 많이 불려 다녔습니다. 장교들의 자녀들이 사인을 부탁했던 것도 이유 중의 하나였습니다. 제가 속한 감찰부로 불려왔을 때 믹스커피를 직접 타 주었던 기억이 새롭습니다. 그 당시 저의 업무는 소위 '소원수리'라고 불리는 병사들의 민원을 접수하고 정리하는 업무였습니다.

군에서 얻은 기술과 교훈

첫째, 행정의 일머리를 익혔습니다. 행정의 기본과 요령을 터득하는 기회가 되었고, 일을 통해 타자 실력을 늘리는 계기가 되기도 했습니다.

둘째, 사회 어디를 가더라도 제게 가르침을 주는 사람이 있다는 것을 알게 되었습니다. 대부분의 사병들이 저보다 어렸고 대학 후배들도 많았지만 그들에게도 배울 점들이 있었습니다. 배움과 가르침에는 나이가 많고 적음이 아무런 장애가 되지 않더군요.

어느 날 어떤 계기로 부대 다른 사무실과 전화를 통해 일을 처리했는데, 통화 후 그 사무실에서 근무하던 선임병이 '김일병(당시는 일병), 사무실에서 바지 주머니에 손을 꽂고 있는 건 잘못된 것 아닙니까?' 하고 지적을 받았습니다.

그 순간 저도 모르게 교만해져 있었구나 하는 반성을 크게 한 기억이 있습니다. 고등학교 윤리 수업 때 배웠던 '신독(愼獨)'이란 용어가 제 마음에 와 닿았습니다.

이 말은 혼자 있을 때도 경계심을 흐트러뜨리지 않는다는 뜻입니다. 그 후로는 자신을 되돌아 보고 남들에게 떳떳한 모습을 보이고자 노력하고 있습니다.

학교와 교육청 근무,
미국 연수를 통해 경험을 쌓다

서울시교육청 근무: 영등포도서관과 영신고등학교

군복무를 마친 후 서울시교육청 영등포도서관 서무과장으로 발령 받았습니다. 그 당시 많은 동기들이 고등학교 행정실장이나 도서관 서무과장으로 첫 발령을 받는 시기였습니다. 행시 출신이 교육부로 바로 발령받기는 어려운 시대였기 때문입니다.

영등포도서관은 조직 생활에서 필요한 많은 것을 배우게 해준 저의 첫 근무지였습니다. 남자 직원들이 많았던 관계로 자주 어울리는 기회를 가졌습니다. 술상무로 몇 번 불려가기도 했습니다.

다양한 직종의 도서관 근무자들 사이에 크고 작은 갈등이 지속적으로 발생하였습니다. 저는 나름의 생존 본능으로 잘 버텼습니다.

1년 전쯤에 그 당시 근무했던 분들과 모임을 가졌습니다. 30년이 지났지만 여전히 그 당시의 순수함과 따뜻함을 간직하고 계시더군요. 그런 좋은 분들과 다시 만나뵙게 되어 기분이 좋았습니다.

야유회에서 얻은 교훈

그 당시 기억에 남는 일화가 있습니다.

봄과 가을마다 버스를 타고 전 직원이 야유회 행사를 나가는 전통이 있었습니다. 부안 선암사 등을 방문하는 일정으로 기억합니다. 저를 포함한 사전 답사단이 미리 가서 맛집 식당도 알아보고 나름 준비를 철저히 했습니다.

그런데 당일 전세버스 기사에게 미리 정해둔 맛집을 알려 주고 예약을 부탁했는데, 그 식당이 예약이 안 된다며 다른 식당으로 갔습니다. 그런데 가 보니 너무나도 부실했습니다. 직원들에게 면목이 없었습니다.

그 식당에서 나오면서 맛집 식당에 전화해서 알아보니 자리가 없는 상황도 아니었습니다. 그 순간 배신감이 밀려왔습니다.

아마 기사가 수수료를 많이 챙길 수 있는 식당으로 예약한 게 아닌가 생각했습니다. 자신의 업무 소관이라면 사소한 것도 꼼꼼히 직접 챙겨야 한다는 교훈을 얻은 사례였습니다.

미국 연수를 통해 얻은 두 가지 교훈

영등포도서관을 떠나 미국 인디애나 대학으로 2년간 연수를 나갔습니다. 교육대학원에서 교수체제공학(Instructional Systems Technology)을 공부했지요. 이 과정에서 두 가지 교훈을 얻었습니다.

하나는 팀 프로젝트를 원칙으로 하면서 소외그룹에 대한 배려가 적용되고 있다는 점이었습니다. 대형 강의의 경우 4명을 한 팀으로 구성했는데, 여기에는 외국인 유학생, 여성이 반드시 들어가 있어야 했습니다.

두 번째는 유학생을 배려하기 위한 지역사회의 참여입니다. 지역의 한 가정과 유학생 가정을 연결하여 바비큐 파티를 여는 등, 현지 적응을 돕기 위한 노력이 자연스럽게 제도화되어 있어 인상적이었습니다.

한국 대학들은 이러한 프렌드십 패밀리(Friendship Family) 제도를 운영하기 힘들다고 합니다. 이러한 제도가 정착하기 위해서는 지역사회와 대학과의 공동 노력이 더 필요하다고 봅니다.

영신고등학교 행정실장 시절

미국 연수를 마치고 서울시 영등포구 신길동 소재 영신고등학교 행정실장으로 발령받았습니다.

그때를 되돌아보면 두 가지 기억이 떠오릅니다.

하나는 교감 선생님의 헌신이었습니다. 그 교감 선생님은 쉬는 시간마다 화장실 앞을 지키고 있으면서 담배 피는 학생을 잡아오셨습니다. 그러한 노력은 성과를 가져왔습니다.

이를 지켜보면서 교감 선생님 한 분의 노력으로도 누구도 선뜻 나서지 않았던 분야에서 성과가 나올 수 있구나 하고 느꼈습니다.

다른 하나는 학교 축제를 둘러싼 갈등이 급기야 학생 시위로 확산된 일이었습니다. 이는 학교 행정의 잘못이라고 생각합니다.

학생회에서 담당 선생님과 상의해서 축제에서 댄스 동아리가 공연하기로 되어 있었는데, 갑자기 댄스 공연을 불허하자 불만을 품은 학생들이 집단행동을 계획했던 것입니다.

'순수한 마음을 담은 종이비행기를 교무회의가 시작하는 10시에 모두 날리자.' 하는 것이었습니다. 하지만 순수한 의도로 시작된 일이 소수의 학생들에 의해 과격한 시위로 번지게 되었습니다.

급기야 소화기를 터뜨리게 되어 학교가 난장판이 되었습니다. 이를 지켜보면서 관료적 의사결정과 소통 부재가 어떤 결과를 불러일으키는지 절실히 느꼈습니다.

2000년 ASEM 정상회의 파견

저에게 외교부 등 다른 부처 공무원들과 함께 일할 수 있는 기회가 주어졌습니다. 아셈 정상회의는 그 당시 양자 정상회의가 아닌 다자회의로는 처음 한국에서 개최하는 것이라 상당한 의미를 가지고 있었습니다.

저는 당시미디어홍보팀에 배속되어 미디어센터 조성과 관리를 담당했습니다. 그 당시 맺었던 인연은 최근까지 이어져 오고 있습니다.

외교부 대사를 역임한 그 당시 부장님은 세종에 거주하면서 왕래를 하고 있습니다. 또한 당시 자원봉사자로 참여했던 직원은 어떤 기관의 기관장으로, 민간회사 대표로 활동하면서 인연을 이어오고 있습니다.

몇 가지 일화와 교훈이 있습니다.

현장에는 늘 직접 문제를 해결하기 위한 결단과 원칙에 충실한 집행이 필요합니다. 당시 미디어센터 내에 주관 방송사가 선정되어 있었고 다른 방송사는 그 소스를 받아 방송을 해야 했습니다. 그런데 한 방송사가 허가 없이 '관행'이라며 중계선을 설치하는 문제가 발생했습니다.

이를 해결하기 위해 그 당시 과장님과 함께 방송 중계선을 직접 철거하였습니다. 이 일은 아직도 혼자라면 쉽게 할 수 없는 일이었다고 회상하게 됩니다.

교육부 본부 사무관 시절

교육부 본부 첫 근무지는 전문대지원과였습니다. 당시 전문대지원과는 초임 고시 사무관은 보내지 않는 자리였습니다. 직전에 사고가 생겨 물갈이가 필요했던 시기에 저와 동기 형이 그 과로 들어가게 되었습니다.

재정지원업무를 담당했는데, 이 과는 전문대학 업무를 한 과에서 다 했기 때문에 전문대학에 대한 '그림감'이 상당히 셌다고 할 수 있습니다. 현장 점검을 나가면 감사실의 감사와 동일했습니다.

학교 현장도 여러 군데 나가면서 현장 경험을 쌓을 수 있는 기회가 되었습니다. 또한 혁신적인 제도를 먼저 도입할 수 있는 여건이 되었기 때문에, 재정지원 방식에 있어서는 4년제 일반대학지원과와는 다르게 체계적으로 진행되었던 것으로 평가받았습니다.

다음 보직은 인적자원정책국 조정 2과였습니다. 당시 조정 1과는 경제부처 담당이고 조정 2과는 비경제부처 담당이었습니다.

조정 2과에 있으면서 과장님으로부터 문서 기획 노하우를 많이 배웠습니다. 당시에는 기존에 존재하지 않았던 업무가 많았는데, 과장님은 관련 서적을 열심히 탐독하여 기본 계획 개요를 잡아 사무관들에게 넘겨주셨습니다. 이를 잘 정리하면 상당한 수준의 기본 계획이 완성되었습니다.

훗날 제가 과장이 된 후에도 그와 같이 큰 줄기를 정리해서 담당 사무관에게 넘겨주려고 노력했습니다. 제가 파악하고 있는 상황과 저의 생각을 공유하는 것이 일의 낭비를 줄이는 최선의 방법이라고 생각했습니다.

교육부 기획 담당 사무관과 서기관 시절

기획 담당은 대통령 업무 보고 등 주요 문서를 취합하는 역할을 합니다. 사무관에서 승진하여 서기관이 된 후에도 주요 업무 보고 문서 작업을 담당했습니다.

당시 기조실장님의 문서 작업 능력과 카리스마에 감명받았습니다. 당시에는 기조실에서 담당 부서의 동의 없이 파격적 과제를 넣는 것이 일상적인 현상이었습니다. 지금은 작동하지 않는 시스템입니다.

그때 얻은 일화와 교훈은 다음과 같습니다.

첫째, 리더는 남들에게 실력을 보여주어야 한다는 것입니다. 문서 기획 능력과 발표 능력이 필요합니다.

둘째, 장관 정책자문위원회 회의를 저희 부서에서 담당했는데, 양재동 교육문화회관에서 행사가 열렸습니다. 그런데 시간이 되었는데도 위원들 참석이 저조했습니다.

당시 이 업무는 다른 사무관이 맡고 있었는데, 같은 부서에 있었지만 그 업무를 제 일처럼 하지 않고 방관적인 자세로 임했던 것입니다.

이를 실장님께 지적받고 저의 부족함을 다시 한번 반성하였습니다. 저절로 되는 일이라는 건 없습니다. 누군가 먼저 확인하고 챙겨야 하고, 여러 사람이 함께 노력해야 좋은 결과를 얻을 수 있다는 것을 다시 한 번 깨달았습니다.

OECD에서 파견근무를 하다

공무원 시작 10년이 지난 서기관 시절, 고용 휴직으로 파리 소재 OECD 사무국에서 근무하게 되었습니다. 교육국에서 근무하면서 글로벌 고등교육 분야를 주로 담당했습니다.

OECD 회원국가뿐 아니라 비회원국 전문가들과 교류할 수 있는 기회가 많아, 여러 국가의 교육 현황을 검토할 수 있는 좋은 기회가 되었습니다.

이때도 두 가지 교훈을 얻었습니다.

첫째, 저 자신이 한국의 교육정책 전문가로 파견 근무를 하고 있었지만, 실제 교육 현장에서 집행되고 있는 정책 현실을 너무나 피상적으로 알고 있다는 사실이었습니다. 진정한 전문가가 되기 위해서는 현장과 현실을 제대로 알아야 한다는 것을 느꼈습니다.

둘째, 직원들이 자국의 이익을 대변하는 경우가 많았습니다. 인턴 학생을 받는 경우에도 관리자의 출신 국가가 어디냐에 따라 해당 국가 출신 인턴 규모가 달라지곤 했습니다.

그렇게 함으로써 그 국가 출신이 OECD 같은 국제기구에 진출할 수 있는 기회가 더 늘어나게 되는 것입니다. 국제사회에서도 자국의 이익

실현을 위해 체계적인 노력이 필요하다는 사실을 알게 되었습니다.

글로벌 청년 리더 10만 명 양성계획

OECD 근무를 마치고 한국으로 복귀하면서 고용부 청년고용팀장으로 근무하게 되었습니다. 그때가 노무현 정부 말기였는데, 부처 간 교류 활성화를 위해 국과장급 교류가 제도화되었습니다.

청년고용정책을 담당하는 부서로서 업무 범위가 광범위하고 사회적 이슈가 되는 청년실업, 청년일자리 등을 다루면서 고용에 관련된 많은 내용을 배우게 되었습니다.

사실 그전에는 취업률과 고용률의 개념을 구분하지 못했습니다. 실제로 교육부와 고용부는 'school to work' 단계의 접점에서 만나고 있어, 서로의 협력이 무엇보다도 중요합니다.

특히 이명박 정부가 출범하면서 해외취업, 해외봉사, 해외인턴을 포함한 글로벌 청년 리더 10만 명 양성 계획을 수립하는 데 일익을 담당했습니다. 이러한 경험이 교육부 복귀 후 직업교육정책과장으로 보직받은 배경으로 작용했으리라 생각합니다.

저에게는 낯선 조직인 고용부에서 적응하고 인정받기 위해 부단히 노력했습니다. 업무에 충실한 것은 기본이고 고용부 직원들과 교류하는 기회나 활동에 적극적으로 참여했습니다.

고용부는 특히 산악회가 활성화되어 있었습니다. 산악회 일정에는 빠지지 않고 함께 하여 관계를 형성해 갔습니다.

이후에도 산악회를 통해 알게 된 직원들과의 교류를 계속 이어갔습니다. 이런 부분들이 공직을 수행하는 데 도움이 되기도 했습니다.

교육부 직업교육정책과장으로 근무하며

'마이스터, My Star'

MB 정부 교육정책을 소개한 책자에 실린 마이스터고 정책에 대한 소제목입니다. MB 정부 시절의 절반을 마이스터고 담당 과장으로 재직하면서 마이스터고 선정, 출범의 역할을 수행했습니다.

최근 교육부를 떠나 지역에 내려왔다는 소식을 듣고, 그 당시 기업에서 초빙되어 온 교장 선생님, 당시 부장 선생님(이후에 교장 선생님으로 퇴임), 함께 했던 동료 등 마이스터고로 인연을 맺은 많은 분들에게서 격려 연락이 왔습니다.

특성화고 선도 모델을 만들어 보고자 의기투합해서 이룬 성과는 직업 교육 현장의 혁신 사례로 자리 잡고 있습니다.

학교 모델을 찾기 위해 전국 기업을 찾아다녔습니다. 60여 곳의 기업과 인터뷰를 통해 우리 학생들이 갖추어야 할 역량을 정의하고, 장래 마이스터로 성장할 수 있는 길을 찾고자 한 것입니다.

중앙대를 중심으로 서울 소재 대학들이 재직자 전형을 도입하여 졸업한 학생들의 '선취업 후진학'을 지원해 주고, 대기업과 공기업 등 다들 선호하는 직장에서 채용의 문을 열고 확대하는 등 사회 전반에 걸쳐 기술인으로 성공하는 비전을 보여주려는 힘을 모았습니다.

그 후 경기도교육청 기조실장과 UCLA 방문교수를 거쳐, 2015 세계교육회의 준비단장 및 국제협력관이 되었습니다.

세계교육회의는 유네스코 'SDG 2030'의 교육 분야 아젠다를 설정했습니다. 100개 국가의 장차관이 참석한 교육 분야 올림픽으로 불렸습니다.

　최초로 한중일 교육장관회의를 한국에서 개최하였으며, 한동안 열리지 못했던 한일 교육장관회의를 개최하게 되었습니다.

　그리고 대학지원관 및 직업교육정책관, 순천대 사무국장을 역임하였습니다. 이때 저는 부처 간 산재된 산학협력 정책의 유기적 연계를 위해 국가산학협력위원회(위원장 총리)의 법적 근거를 마련했습니다.

　또한, 대학실험실 창업활성화 사업을 과기부, 중소벤처기업부 등 부처 공동으로 신설했습니다.

국립국제교육원장이 되어 세계를 누비다

3년 3개월 동안 국립국제교육원장으로 일했습니다. 책임운영기관으로 지정되어 매년 행안부 주관 성과평가를 받는 기관입니다. 교육원은 상위권을 유지해 왔으며 재직 중 S등급을 2년 연속 받는 성과를 이룩했습니다.

기억에 남는 일이 몇 가지 있습니다.

첫째, 교사 해외 파견 사업이 난관에 봉착했습니다. 당초 남아공에서 받기로 한 교사들을 받을 수 없다는 것이었습니다. 배경에는 남아공 교사 노조의 압력이 작용했다는 후문입니다.

열심히 하는 한국 교사들이 남아공 교사들의 입지를 좁게 만들 수 있다는 우려가 있다는 이유였습니다. 그래서 한국에서 파견 온 교사들이 도시 지역이 아닌 변두리에 배정받는 상황이 발생했습니다. 안전이 최우선시 되는 교사 파견이라 걱정이 되었습니다.

남아공과의 협상이 교착 상태에 빠져 준비해 온 한국 교사들이 불안해했습니다. 주재국 한국대사관을 통해서도 뚜렷한 실마리가 보이지 않는 상황이었습니다. 두고만 볼 수는 없었습니다.

직접 남아공에 가서 교육부 관계자를 만났습니다. 남아공은 수학과 과학 전공을 한 교사들만 받고 싶다고 했습니다.

많은 교사들이 초등교사였기 때문에 그들이 제시하는 기준을 충족할 수 없는 상황이었습니다. 하지만 한국 초등교사들은 수학과 과학도 잘 가르치지 않습니까?

한국 교사들이 수학과 과학을 가르치고 있다고 설득하며 실제로 1년에 몇 시간을 담당하는지를 계량화하여 제시하기로 했습니다. 이렇게 해서 남아공은 한국의 교사들을 수용하기로 결정했습니다. 안타깝게도 다음 해 코로나가 발생하면서 남아공 교사 파견은 보류되었습니다.

둘째, 정부초청장학생(GKS) 제도 개편이었습니다. GKS 사업은 한국 대학과 외국 유학생과의 일대일 구조로 진행되어 왔습니다.

즉, 희망 학생이 자격을 갖추고 특정 대학을 지원하여 입학 승인을 받으면 교육원에서 최종 선발하는 과정을 거쳤습니다. 이렇게 하다 보니, 한국 정부가 필요로 하는 분야에 집중적으로 인재를 확보하기 어려웠습니다.

이를 개선하기 위해 대학이 이공계 분야(대학원 연구개발 과정, 학부 산학협력 과정)를 개설하면 외국 유학생을 5명, 10명 집단으로 배정하였습니다. 대학들의 원활한 학사 운영을 지원하기 위해 새로운 트랙을 만든 것입니다.

이러한 별도 과정에 필요한 예산을 확보하기 위해 기재부 예산담당 차관이 주재하는 아젠다 발굴 회의에 직접 참석하여 제안 설명을 했습니다. 여기서 기재부의 수용이 결정되어 새로운 트랙으로 만들어지게 되었습니다.

이러한 트랙을 대학이 채택할 수 있도록 주요 대학 총장님들을 직접 만나 제안 설명을 하고 트랙을 개설해 주십사 설득했습니다.

셋째, 한국어능력시험 개선이었습니다. 네이버와 협약을 체결하고, IBT로 개선 로드맵을 만들어 추진했습니다. 또한 시험 응시료를 한국으로 송금이 어려운 베트남, 우즈벡 등의 국가에서 한국으로 송금이 가능하게끔 제도 개선을 위해 노력했습니다.

교육부 차관보가 되다

2022년에 국회 국민의힘 정책위 수석전문위원이 되었으며, 2년 뒤인 24년 9월 19일부터 교육부 차관보에 임명되었습니다.

차관보 활동은 25년 10월 1일까지 약 1년 동안 이어졌습니다. 차관보에서 퇴직한 순간 교육부 공무원으로서의 생활도 자연스럽게 마무리되었습니다.

차관보 시절에는 장관과 차관을 보좌하면서 대외적 활동을 많이 담당했습니다. 이러한 대외적 활동은 부처의 대외 인식을 좌우하는 큰 역할을 한다고 보았습니다. 그래서 부서에 참석 요청이 들어오면 기꺼이 행사에 참석하려고 노력했습니다.

이러한 노력이 교육 현장 및 다른 분야와의 교감을 넓히는 한편, 교육 정책에 대한 신뢰와 교육부의 위상을 높이는 계기가 될 것이라 믿었기 때문입니다.

대통령 권한대행 업무지원단장

25년 5월부터 1개월간 이주호 사회부총리 겸 교육부장관이 대통령 권한대행을 맡게 되면서 업무지원단장으로 공식 발령받았습니다.

주변에서 기재부장관이 권한대행을 맡았을 때도 우려가 있었지만, 교육부장관은 뒷받침할 조직을 갖추고 있지 않기 때문에 걱정하는 목소리가 많았던 것이 사실입니다.

하지만 업무지원단을 중심으로 각 부처 베테랑들이 지원하고, 교육부의 여러 부서가 역할을 분담하게 되면서 대통령 권한대행 업무를 큰 과오 없이 무사히 마치게 되었습니다.

대한민국 공직사회는 시스템으로 운영되기 정치적·사회적 변동에 크게 동요하지 않습니다. 대통령 권한대행 업무가 무사히 끝난 이유가 여기에 있다고 생각합니다. 하지만 이런 시스템이 차질 없이 작동하는지를 모니터링하는 그룹은 필요합니다.

이들은 항상 깨어 있어야 합니다. 그래서 저를 포함한 지원팀은 업무수행 기간 동안 서울 시내 숙소에 머물러야 했습니다.

다시 한 번,
경남의 미래와 교육의 미래를 위하여

저는 경남교육의 새로운 미래를 위한 여정에 직접 나서기로 결심했습니다. 이 책에서 진단했듯이, AI 혁명이라는 거대한 파도 앞에서 경남교육은 '가라앉는 배'와 같은 절체절명의 위기를 맞고 있기 때문입니다.

하지만 저는 이 위기야말로 모든 것을 근본적으로 바꿀 수 있는 '골든타임'이라 확신하기에, 이 무거운 책임을 기꺼이 지고자 합니다.

교육감의 가장 중요한 역할은 교장, 교감, 교사를 비롯한 모든 교육 직원들이 오롯이 아이들의 교육에만 전념할 수 있도록 든든한 울타리가 되어주는 것이라 믿습니다.

이는 자신의 신념을 앞세우기보다 현장의 목소리를 경청하고 조화롭게 지원하는 행정가의 역할이며, 교육 행정의 본질에 충실할 때 가장 잘 해낼 수 있는 일입니다.

지난 30여 년간 교육 행정 전문가로서 저는 늘 듣는 자세로 문제의 본질을 파악하고 해결책을 모색해왔습니다. 화려한 구호보다는 묵묵한 지원으로, 지시보다는 공감과 협력으로, 선생님들이 자부심과 안정감을 느끼며 아이들 곁을 지킬 수 있는 환경을 만들겠습니다.

제가 맨 처음 '개천에서 용 나는 세상'을 꿈꾸며 교육이라는 사다리를 오르던 그 간절함으로, 이제는 우리 경남의 모든 아이에게 튼튼한 '교육의 사다리'를 놓아주는 '사다리 아저씨'가 되겠습니다.

아이들의 배움과 성장이 이야기꽃으로 피어나는 경남교육을 만들기 위해 저의 모든 경험과 역량을 쏟겠습니다. 경남의 모든 교실에 희망의 씨앗이 움트고, 모든 아이가 자신의 가능성을 활짝 피워내는 위대한 여정에 기꺼이 저의 남은 모든 것을 바치겠습니다.

교육은 제 인생을 바꾸었습니다. 작은 시골 마을의 소년이 서울과 세계를 경험하고 다시 고향으로 돌아올 수 있었던 것은 모두 교육 덕분이었습니다.

이제 저는 그 선물을 후대에 돌려주고 싶습니다. 아이들에게는 공정한 출발선을, 청년들에게는 고향에서 꿈꿀 기회를, 교사들에게는 존중받는 교실을 만들어주고 싶습니다. 그리하여 이 모든 주체가 '배움'으로 연결되고 '성장'을 경험하며 자신만의 '이야기'를 써 내려가는 교육생태계를 만드는 것이 제 소명(mission)입니다.

교육은 사람을 바꾸고, 사람은 세상을 바꿉니다. 그리고 그 출발점은 바로 우리의 경남입니다.

혁신의 본뜻은 '새로운 길을 찾는 용기'입니다. 그 길은 때로 불편하지만, 그 불편함 속에서만 진짜 배움이 태어납니다.

"배움과 성장, 이야기가 있는 경남교육"은 혁신으로의 회귀이자 미래로의 전환입니다. 학생이 자신의 학습 여정을 스스로 기록하고, 교사가 그 이야기를 함께 읽으며, 학교가 그것을 축적해 하나의 성장 서사로 엮어가는 경남교육!

이러한 교육이 다시 항해를 시작할 때, 그 배의 돛은 성장이고, 바람은 피드백이며, 나침반은 문해력입니다. 행복은 더 이상 목적지가 아니라 고된 항해를 지속하게 해주는 연료가 되어야 합니다. 그리고 이 위대한 항해의 기록은 행정의 언어가 아니라 '배움의 이야기'로 기록될 것입니다.